KB173835

나는
이기적으로
읽기로
했다

일상과 이상을 이어주는 책 ———

일상이상

대한민국 독서가들을 위한 개인맞춤형 독서법

**나는
이기적으로
읽기로
했다**

ⓒ 2018, 박노성

초판 1쇄 찍은날 · 2018년 5월 25일
초판 1쇄 펴낸날 · 2018년 5월 31일
펴낸이 · 이효순 | 펴낸곳 · 일상과 이상 | 출판등록 · 제300-2009-112호
편집인 · 김종필
주소 · 경기도 고양시 일산서구 일현로 140 112-301
전화 · 070-7787-7931 | 팩스 · 031-911-7931
이메일 · fkafka98@gmail.com
ISBN 978-89-98453-55-8 (03320)

대한민국 독서가들을 위한
개인맞춤형 독서법

나는
이기적으로
읽기로
했다

박노성 지음

일상이상

읽어라, 대한민국!

한우리열린교육은 올바른 독서문화를 정착시키기 위해 노력하는 대한민국 대표 독서교육기업이다. 그 시작은 『한우리가 뽑은 좋은 책 목록집』의 발간이었다. 올바른 독서를 위해서는 좋은 책을 읽을 수 있도록 안내하는 것이 중요하기 때문이었다. 30년간 시중에 출간되는 수만 권의 책들을 한 달도 빠짐없이 검토하면서 이른바 한우리 필독서라는 것을 선정해 왔다. 뿐만 아니라 창의력을 높여주는 독후활동과 워크북을 개발하여 현재는 매월 전국 10만 명 이상의 회원들에게 책을 읽히고 있다.

이러한 한우리식 독서운동은 전국에서 활동하는 5천여 명의 한우리독서지도사들의 책에 대한 애정에 뿌리를 두고 있다. 한우리독서지도사들은 수업을 준비하기 위해 매주 모여 스터디를 한다. 책을 읽으면서 느끼는 감동과 지식의 크기가 어른이라고 다를 리 없다. 스터디를 하는 과정에서 감동을 받기도 하고 때로는 눈물도 흘리면서 책을 더 사랑하게 된다. 그 감동이 아이들에게 전해지면 아이들은 수업을 통해 지식뿐 아니라 감동과 사랑도 배운다. 이것이 한우리가 추구하는 독서운동의 본질이다.

이 책의 저자 박노성은 그간 독서교육의 현장을 누비며 수많은 학생과 독서전문가들을 만나왔고 다양한 독서성공사례를 경험했다. 이 책에는 저자가 체득한 독서에 대한 철학과 노하우가 가득 담겨 있다. 그 노하우를 바탕으로 프레이밍, 3W, 2W, H 그리고 석세스 리딩으로 이어지는 5단계의 독서법을 가다듬고 정리했다. 저자는 '책은 세상을 바라보는 뷰파인더'라고 강조한다. 이 책을 뷰파인더 삼아 대한민국 국민 모두가 독서의 참맛을 느끼고, 책을 매개로 소통하는 삶을 살기를 희망해 본다.

김정열 (주)한우리열린교육 부사장

독서법, 나에게 가장 적합한
개인맞춤형으로 바꿔라

인생의 교과서는 사람이다.

그런데 시간과 공간의 제약으로 인해 수많은 사람을 모두 만나볼 수는 없다. 교과서로는 부족한 공부를 참고서로 대신할 수 있는데, 그 참고서 이름이 바로 책이다.

책 속에는 길이 있다. 그리고 그 길은 책마다 서로 다르다. 어떤 책은 이 길로 가야 한다고, 어떤 책은 저 길로 가야 한다고 말한다. 그래서 우리는 어떤 책을 읽어야 할지 막막할 때가 많다. 어느 길이 옳은지 알기 위해서는 다양한 책을 읽어봐야 하는데, 그러기에는 시간이 부족하다. 또 막상 나에게 적합한 책을 골랐다 하더라도, 책의 내용을 이해하기 힘들 때도 있고, 책 한 권을 끝까지 읽었는데도 남는 것이 아무것도 없는 경우도 있다. 성공한 사람들 중에 독서가가 많다고는 해도 독서를 많이 했다고 반드시 성공하는 것은 아니다. 책을 읽지 않고도 사회적으로 엄청난 부와 명예를 누리는 사람이 적지 않다. 중국의 배우 성룡은 아예 글자도 몰랐다고 하지 않던가. 그러니 독서의 필요성을 모르는 사람들이 나에게 "책을 도대체 왜 읽어야 하는가?"하고 질문한다면 답변이 궁색해진다.

하지만 나는 이렇게 답변하고 싶다. 살아가기 위해 책을 꼭 읽어야 하는 것은 아닐지라도, '잘' 살아가기 위해서는 책을 읽는 것이 좋다고! 헤럴드 미디어의 홍정욱 대표님은 초등학생 시절에 『만인의 연인, 케네디 대통령』이라는 책을 읽고 미국 유학을 결심했다. 마하트마 간디는 톨스토이의 책에서 영감을 얻어 '톨스토이 농장'을 운영했다. 독서를 통해 지금의 자신보다 더 나은 자신을 만들어갈 수 있는데, 나 역시 독서를 통해 그럴 수 있었다. 나는 첫 직장으로 광고회사에 입사했는데, 사람에 대한 이해와 마케팅에 대한 지식이 턱없이 부족했다. 그러나 책은 나에게 좋은 참고서가 되어주었다. 100여 권의 광고 관련 책을 읽은 덕분에 비로소 남들을 따라잡을 수 있었다.

이후 독서교육 전문기업으로 이직한 나는 지난 10여 년간 수많은 학생과 학부모, 독서지도사 등과 만나왔다. 독서를 통해 변화된 사람들의 모습을 지켜보면서 나는 독서의 힘을 절실히 깨닫게 되었다. 책이 건네는 따스한 한마디 덕분에 비로소 아버지를 이해하게 된 중학생이 있다. 혼자 있는 시간에 책을 필사하면서 스트레스를 푼다는 직장인도 있다. 독서모임에서 일주일의 에너지를 얻어간다는 버스운전사도 있다. 독서대학에서 강의를 듣고 자신감을 얻어 승진하게 되었다는 회사원도 있다. 그들에게 책은 좋은 참고서가 되어주었다.

그런데 그동안 내가 만났던 많은 사람들이 독서의 필요성은 잘 알고 있지만 일과 학업, 가사 때문에 책을 읽을 시간이 절대적으로 부족하다고 말했다. 또 어떤 책을 읽어야 할지, 어떻게 해야 잘 읽을 수 있는지 모르겠다고 말했다. 그러면 나는 이렇게 말해 주곤 한다.

"바쁘지만 우리는 잠시라도 시간을 내어 책을 읽어야 합니다. 그렇다고 많이 읽는 것이 능사가 아니에요. 나에게 맞는 책을 골라서 자기 것으로 만들 수 있는 제대로 된 독서가 필요합니다. 책 한 권을 읽더라도 백 권을 읽는 것보다 생산적이고 효율적인 독서, 그것이 진짜 독서입니다!"

나는 일과 학업, 가사 등으로 바쁜 사람들에게 적합한 생산적이고 효율적인 독서법을 전파하고 싶었다. 그리하여 5단계 독서법을 이 책에 담았다.

먼저 1단계인 '프레이밍'에서는 독서의 기초를 다질 것이다. 1단계에서는 자신에게 적합한 독서 프레이밍을 설정하는 방법과 생산적으로 책을 읽는 독서습관을 기르는 법을 담았다.

2단계인 '3W'에서는 자신의 취향과 상황에 맞게 책을 읽는 방법을 담았다. 3W는 'Who(누가), Where(어디에서), When(언제)'인데, 각자의 여건에 맞게 어디에서 언제 독서할지를 생각해 보는 단계이다. 예를 들어 매일 야근해야 하는 직장인(Who)의 경우에는 독서할 시간에 턱없이 부족하다. 이런 사람은 밤잠을 줄여가면서 하루에 1시간 이상씩 책을 읽으면 오히려 스트레스를 일으킬 수 있다. 바쁜 직장인이라면 출퇴근하는 지하철(Where)에서 하루에 30분(When)가량 책을 읽는 습관을 들이는 것이 현실적으로 가능할 것이다.

3단계인 '2W'에서는 자신의 목적에 맞는 독서법을 담았다. 2W는 'Why(왜), What(무엇)'인데, 자가진단 테스트를 통해 각자의 관심사와 목적에 맞는 책을 고르는 법을 담았다.

4단계인 'H'에서는 각자의 여건에 따라 책을 어떻게 읽어야 할지 알아보았다. H는 'How(어떻게)'인데, 속독과 정독 등 여러 독서유형 중에서 자신에게 적합한 독서유형을 발견하는 법을 소개했고, 어려운 책도 쉽게 읽을 수 있는 방법도 담았다.

5단계인 '석세스 리딩'에서는 책을 읽고 나서 책의 내용을 오래도록 기억할 수 있는 독서법을 다루었다. 이 단계에서는 생활 속에서 실천할 수 있는 독서기록장 작성법과 필사하기, 반복독서, 독서모임 활동 등을 소개했다.

끝으로 독서법에는 왕도가 없다고 말하고 싶다. 속독이든 다독이든 정독이든 어느 것이 옳다고 말할 수는 없다. 자신의 취향과 생활습관에 적합한 독서법을 발견해내고, 생활 속에서 이를 실천하는 것이야말로 가장 바람직할 것이다.

이 책은 여러분 각자에게 맞는 책과 독서법을 찾아주기 위해 기획되었다. 이 책을 통해 자신에게 가장 적합한 개인맞춤형 독서습관과 독서법 등을 발견하고, 어려운 책도 만만하게 읽을 수 있을 것이다. 이 책이 현장에서 학생들을 지도하는 독서지도사, 자녀에게 올바른 독서습관을 길러주고 싶어 하는 학부모, 자신을 성장시키고자 하는 학생과 직장인 등 대한민국 독서가들에게 유용한 책이 되어준다면 좋겠다. 모쪼록 이 책을 통해 독서가 즐거워지는 기쁨을 누리시기 바란다.

2018년 새봄에 지은이 박노성

제5부 석세스 리딩—나에게 맞는 독서생활은 따로 있다 **203**

제**1**부

프레이밍
독서의 기초를
다져볼까?

독서는 우리의 관점을 바꾼다

독서는 그림 감상과 비슷하다.
의심을 버리고 주저하지 말며,
아름다움 그 자체에 대해 확신과 존경을 가져라.

—빈센트 반 고흐의 『반 고흐, 영혼의 편지』 중에서

책 한 권 읽었을 뿐인데

언젠가 관악구에 있는 한우리독서토론논술 지역센터를 방문했을 때였다. 센터장님은 책을 읽고 달라진 사례가 있다며 어느 중학생의 이야기를 들려주셨다. 회원 중에서 매사 의욕이 없고 우울한 성격의 학생이 있었는데, 센터장님은 사내아이라서 그런가보다 하고 대수롭지 않게 생각했다. 하루는 현기영의 『지상에 숟가락 하나』라는 책으로 토론수업이 진행되었다.

"살아서 박복했던 아버지는 그래도 죽음만큼은 유순하게 길들일 줄 알았나보다. 이렇다 할 병색도 없이 갑자기 식욕을 잃더니 보름 만에 숟갈을 아주 놓아버린 것이었다. 가쁜 숨 속엔 신음 소리가 낮게 실려 있었지만 당신의 얼굴은 평온했다. 낮은 신음 소리는 마치 모닥불이 꺼지면서 재가 조금씩 조금씩 가라앉는 소리처럼 들렸다."

수업이 시작되고 센터장님이 첫 구절을 읽자 이 학생은 갑자기 펑펑 울기 시작했다. 술만 마시면 자신에게 모질게 대하는 아버지의 모습이 떠올랐던 것이다. 아버지와 둘이 살던 학생은 같은 밥상에서 밥을 먹는 것이 너무 괴로웠다. 빨리 돈을 벌어 아버지의 그늘에서 벗어나고 싶다는 생각뿐이었다. 그런데『지상에 숟가락 하나』에서 막상 아버지가 갑자기 숟가락을 놓아버리고 돌아가시자 슬퍼하는 주인공을 보니 울음이 터져 나온 것이다.

그러자 함께 토론하는 친구들 중 한 명은 부모님이 이혼하시는 바람에 자신은 할머니와 함께 산다고 고백했고, 누구는 시골에서 농사짓는 부모님이 자신을 서울로 유학 보내는 바람에 고모 댁에서 눈치를 보며 산다고 했다. 순간 이 중학생은 당황스러웠다. 자신이 가장 불행하다고 생각했는데 주변에는 훨씬 더 힘든 친구들이 많았던 것이다.

"이제 아버지가 가셨으니, 다음은 내 차례로구나, 하는 각성이 나의 폐부를 아프게 찔렀던 것이다. 탄생은 우연일지라도 죽음은 누구도 피할 수 없는 필연이라는 것."

　그렇게 싫었던 아버지였건만 돌아가신다는 것은 상상하기 힘들었다. 그 후로 한결 표정도 밝아지고 매사에 적극적으로 성격이 바뀌면서 열심히 공부에 매진한 그 학생은 결국 대학에 입학해 버젓한 청년이 되어 센터장님을 찾아왔다. 살아온 세월과 배경은 다르지만 작가와 학생은 공감대를 이루었다. 한 권의 책이 아버지에 대한 학생의 관점을 바꾸어 새로운 인생을 만들게 한 것이다.

　책을 통해 변화된 사람들과 마주할 때면 앞으로 읽어낼 책의 양만큼이나 창대하게 펼쳐질 그들의 미래가 기대된다. 그러나 정작 주위의 사람들 중 상당수는 책을 통해 변화하기는 커녕 읽기조차 힘들어한다. 졸업한 이후 책 한 권을 제대로 읽어 본 경험이 없으며, 활자 자체를 부담스러워하는 사람도 상당히 많다.

　사람들이 책을 안 읽는 것에 대한 변명은 파리바게트의 빵 종류만큼이나 다양하다. 고등학생 때는 입시공부를 하는 것이 힘들어서 책과 멀리하고, 대학생이 되어서는 취업준비로 여유가 없어서 책과는 담을 쌓게 되고, 막상 취업해서는 직장생활이 바빠서 독서가 힘들고, 결혼해서 한 가정의 어머니가 되면 가사와 육아로 힘들어서 책을 읽을 수가 없다.

책을 안 읽는 이유를 역사 속에서 찾는 사람도 있다. 해방과 한국전쟁 이후 성장에 목말랐던 우리나라 국민들은 '잘 살아보세'라는 새마을 운동의 구호대로 열심히 일만 했다. 한마디로 책 읽을 겨를 없이 살아온 것이다. 더구나 군사독재라는 암흑기가 있었다. 1980~1990년대에 학교를 다녔던 성인이 책을 잘 읽지 않는 것은 독재정권의 주입식 교육 때문이라고 보는 시각도 있다. 이 시기의 학생들은 주입식 교육의 피해자가 되었다.

그렇다면 오늘날의 학생들은 어떠할까? 입시지옥 속에서 학생들이 활자의 힘을 느끼고 스스로 독서 능력을 함양하는 것은 절대로 쉬운 일이 아니다. 학생들에게 독서지도를 하고 있는 독서지도사들은 '학생들의 독서 능력을 어떻게 하면 키워줄 수 있을까?' 하고 항상 고민하는데, 독서 능력은 독서습관을 바꾸어야 키울 수 있다.

물론 습관은 쉽게 바뀌지 않는다. 하지만 독서습관은 우리에게 꼭 필요하다. 책은 우리를 성장시키는 자양분이기 때문이다. 인공지능이 우리의 일자리를 빼앗기 시작한 4차산업혁명 시대에는 창의성이 중요해졌는데, 최근에 아이들 사이에서 독서교육 붐이 일고 있는 것은 참으로 다행스러운 일이 아닐 수 없다.

학창시절부터 독서와 담 쌓은 성인들이 책을 가까이 하기 위해서는 아이들보다 훨씬 더 노력해야 한다. 스스로 노력하지 않으면 평생 책과 가까이 할 수 없을 것이다. 그렇다면 책과 가까워지려면 어떻게 해야 할까? 우리 자신을 성장시키고자 한다면 먼저 독서에 관한 우리의 인식부터 바꾸어야 한다.

내적 동기부터 찾아야 한다

책 읽기를 힘들어하는 사람들에게 어떤 도움을 줄 수 있을지 고민하면서 많은 책들을 찾아보았다. 동서양을 막론하고 매년 독서와 관련된 다양한 책들이 쏟아져 나오고 있었다. 독서와 관련된 많은 책들은 독서를 즐기는 방법, 독서를 통해 성장한 사례 등을 소개하고 있었다. 나는 수백 권의 책을 읽으며, 가사와 업무 등으로 바쁜 우리 시대의 성인들이 자존감을 찾기 위해 독서를 활용하고 있다는 것을 깨달았다. 연예인부터 대학교수까지 각 분야의 많은 사람들이 독서의 필요성을 강조하고 있었다.

반면에 독서법과 관련된 실질적인 방법론을 담아낸 책은 드물었다. 이런 책을 읽었다는 식의 개인적인 경험담을 담은 자기계발서들이 주를 이루고 있었다. 또 어떤 책들은 어떻게 해야 독서를 시작할 수 있는지를 고민하지 않은 채 기술적인 해결책만 단편적으로 다루고 있었다. 보기 좋게 독서성장 그래프를 만드는 법, 포스트잇 독서법, 마인드맵을 만드는 독서법 등을 다루고 있었다. 하지만 이러한 방식들이 과연 실질적으로 도움이 될지는 미지수이다.

그러던 어느 날 계몽운동의 선각자였던 도산 안창호 선생님의 일대기를 다룬 『안창호 평전』을 읽다가 눈에 띄는 구절을 발견했다. 당시 조선통감부의 통감이었던 이토 히로부미와 도산 안창호 선생님의 회견과 관련된 내용이었다.

이토: 내 평생의 이상이 셋이 있으니, 하나는 일본을 열강과 각축할 만한 현대국가로 만드는 것이요, 둘째는 한국을 그렇게 하는 것이요, 셋째는 청국을 그렇게 하는 것이오. 일본에 대해서는 이미 거의 목적을 달성하였으나 일본만으로는 도저히 서양세력이 아시아에 침입하는 것을 막을 도리가 없소. 한국과 청국이 일본만 한 역량을 가진 국가가 되어야 하오. 그러므로 지금 한국의 재건에 전심력을 경주하고 있거니와, 이것이 완성되거든 이 몸은 청국으로 가겠소이다. 도산, 나와 함께 청국으로 가서 이 대업을 경영하지 않겠소!

도산: 그렇게 생각하십니까? 삼국의 정립친선이 동양평화의 기초라는 점은 동의하오. 또 그대가 그대의 조국 일본

을 혁신한 것은 치하하는 바이오. 또 한국을 귀국과 같이 사랑하여 도우려는 호의에 대하여는 깊이 감사하오. 그러나 그대가 한국을 가장 잘 돕는 법이 있으니, 그대는 그 법을 아시오?

이토: 그것이 무엇이오?

도산: 일본을 잘 만든 것이 일본인인 것과 마찬가지로, 한국은 한국 사람으로 하여금 혁신케 하여야 하오. 만일 명치유신을 미국이 와서 시켰다면 그대는 어떻게 생각하겠소. 명치유신은 안 되었을 것이외다. 일본이 한국 사람이나 청국 사람에게 인심을 잃는 것은 큰 불행이오. 그것은 일본의 불행이요, 동시에 세 나라 전체의 불행이외다. 이것은 그대가 열심히 막으려는 서쪽 세력이 동쪽으로 쳐들어오는 유인이 될 것이오. 일본의 압박 밑에 있는 한인은 도움을 영국·미국이나 러시아에 구할 것이 아니겠소. 일본의 강성을 기뻐하지 아니하는 여러 강국은 한국인의 요구를 들어줄 것이외다. 이리하여 일본은 여러 강국의 적이 되고 동양 여러 민족의 적이 될 것을 두려워할 상황에 놓이게 될 것이오. 그대가 만일 사이좋은 이웃나라의 손님으로 한양에 왔다면 나는 매일 그대를 방문하여 대선배로, 선생님으로 섬기겠소이다. 그러

나 그대가 한국을 다스리러 온 외국인이매 나는 그대를 방문하기를 꺼리고 그대와 친근하기를 꺼리는 바이오!

이 대화를 통해 두 나라의 차이를 깨달을 수 있다. 일본은 자발적으로 개항해 일찍이 선진국이 되었고, 조선은 변화에 적응하지 못해 개항의 압력을 받았다. 이러한 현실에서 도산은 "일본을 잘 만든 것이 일본인인 것과 마찬가지로, 한국은 한국 사람으로 하여금 혁신케 하여야 하오"라고 말했다. '변화는 스스로 이루어야 한다'고 생각한 것이다.

도산의 이러한 생각은 시카고대학의 심리학자 미하이 칙센트미하이(Mihaly Csikszentmihalyi)의 책 『몰입의 즐거움』에서도 발견된다. 미하이는 외적 통제(강요)가 아닌 내적 동기로 인해 몰입을 경험하게 된다고 말한다. 강렬한 몰입을 경험하면 우리 삶의 깊이는 한 차원 깊어지고 즐거워진다. 자기 자신을 좀 더 잘 이해하고, 있는 그대로 받아들이게 된다. 그리고 자신이 진정 관심 있는 것이 무엇인지 깨닫게 된다. 반면에 외적 통제에 의해 억지로 하는 일은 단조롭고 힘들기만 할 뿐이다.

그렇다. 독서를 잘하기 위해서는 우선 내적 동기를 찾아야 한다. 이토 히로부미의 논리처럼 모든 것을 효율성이라는 단어로 평가하고 기술적인 부분에만 집중하기보다는 근본적인 원인을 분석하고 원칙을 세우는 것이 중요하다. 어떻게 하면 책을 읽기 시작하는 변화를 스스로 이룰 수 있을까? 정작 중요한 내적 동기를 스스로 찾는 것부터 시작해야 한다.

일본의 교육심리학자 마사히루 가게는 일본의 학생들을 대상으로 내적 동기와 관련된 실험을 실시한 바 있다. 그는 실험에 앞서 A집단 학생들에게는 시험 결과가 성적에 반영된다고 했고, B집단 학생들에게는 시험 결과가 개인의 학습 성취도를 확인하는 데 활용할 뿐 성적에는 반영하지 않는다고 했다. 그런데 A집단은 시험에 대한 압박 때문에 내적 동기가 매우 낮았다. 그로 인해 시험 성적 또한 B집단에 비해 낮았다. 압박을 극대화하기보다는 최소화하는 것이 오히려 학습에 유리했던 것이다.

내적 동기는 어른들의 경우도 마찬가지로 적용된다. 어른들 역시 회사에서 억지로 시키는 일보다는 자신이 좋아하는 취미 활동에서 생산성을 발휘한다. 예를 들어 바둑에 재미를 느끼면 날이 갈수록 실력이 쑥쑥 는다. 하지만 내적 동기는 어느 날 갑자기 만들어야겠다고 해서 만들어지는 것은 아니다. 따라서 내적 동기를 일으키는 방법부터 알아야 한다. 그러기 위해서는 우선 사물을 대할 때 스스로의 관점을 만들어보는 연습이 필요하다.

사소하지만 결정적인 관점의 차이

'깨진 유리창 이론(Broken Windows Theory)'이라는 것이 있다. 건물 유리창 하나를 깨진 채 그대로 방치해 두면, 지나가는 행인들은 관리를 포기한 것으로 간주하고 다른 유리창에도 돌을 던져 유리창을 모조리 깨트린다. 이처럼 사소해 보이는 깨진 유리창 하나로 말미암아 범죄가 확산되기 시작한다는 이론이다. 사소한 무질서를 바라보는 단순한 '관점'의 차이가 범죄를 유발하기도 하고 예방하기도 한다는 의미를 담고 있다.

1990년대에 뉴욕 시장이었던 루돌프 윌리엄 루이스 줄리아니(Rudolph William Louis Giuliani)는 뉴욕의 범죄를 줄이기 위해 이 이론을 적용했다. 인구 천만 명의 거대도시인 뉴욕에는 거미줄처럼 연결된 편리한 지하철망이 있다. 매일 아침 500만 명이 이용하는 이 지하철은 여행객들에게는 매우 위험한 곳이다. 당시 뉴욕에서는 연간 60만 건 이상의 범죄가 일어났는데, 그중 90% 이상이 지하철에서 발생했기 때문이다.

뉴욕의 흉악범죄를 타파하는 것을 선거공약으로 내세워 뉴욕 시장으로 당선된 줄리아니가 가장 먼저 시작한 것은 지하철역의 낙서 지우기였다. 그는 5년 동안 6,000여 개의 지하철차량과 지하철역의 낙서를 지우는 작업을 계속했다. 그러자 시민과 언론은 뉴욕검찰청 출신의 줄리아니가 강력범죄와 싸울 자신이 없어서 비교적 쉬운 경범죄 방지를 택하였다고 비난했다.

그런데 낙서 지우는 일을 계속하자 놀라운 일이 벌어졌다. 지하철의 범죄율이 낮아지기 시작한 것이다. 우선 연간 2,200건에 달하던 살인범죄가 1,000건 이상 줄었고, 시 전체의 범죄가 75% 이상 줄어들었다. 그 후 지하철 낙서 지우기에서 올린 성과를 뉴욕 전체로 확산하여 도시 곳곳의 낙서를 지우고 무단횡단과 쓰레기 버리기 등 경범죄를 엄하게 단속했다. 이 역시 좋은 성과를 얻었다.

이런 변화가 이루어진 것은 바로 '깨진 유리창 이론'을 활용했기 때문이다. 이처럼 사람들의 관점을 바꾸면 놀라운 변화를 이룰 수 있는 것이다. 관점과 관련된 우화를 한 가지 더 소개하겠다.

두 사람이 예배를 드리러 성당에 가는 길이었다. 그중 한 사람이 친구에게 물었다. "이봐, 기도 중에 담배를 피워도 된다고 생각하나?" 친구가 대답했다. "글쎄 잘 모르겠는데, 신부님께 여쭈어보는 게 어때?" 그가 신부님에게 다가가 물었다. "기도 중에 담배를 피워도 되나요?" 신부님은 정색을 하며 대답하였다. "형제여, 기도는 하느님과의 대화인데 기도 중에 담배를 피우다니, 그럴 수는 없다네." 그러자 친구의 이야기를 전해 들은 다른 친구가 신부님에게 물었다. "신부님, 담배를 피우는 중에는 기도를 하면 안 되나요?" 신부님은 환한 미소를 얼굴에 띠었다. 그러고는 말했다. "형제여, 기도는 때와 장소가 필요 없다네. 담배를 피우는 중에도 얼마든지 기도를 드릴 수 있다네." 이렇게 같은 현상도 관점에 따라 전혀 다르게 볼 수 있다.

관점을 만드는 프레이밍 기법

사진을 찍을 때는 뷰파인더에 보이는 수많은 대상들 중 어디까지 넣고 빼야 할지를 결정한 다음에 셔터를 누르게 된다. 카메라의 뷰파인더를 보면서 이 모든 것을 결정하는 행위를 프레임 워크(frame work) 또는 프레이밍(framing)이라고 한다. 담아두고 싶은 장면이 있다면 짧은 시간 안에 모든 것을 결정하고 셔터를 눌러야 한다. 머뭇거리면 원하는 장면을 놓칠 수 있기 때문이다.

역사상 가장 완벽한 프레이밍을 구사한 작가 중 한 명으로 앙리 카르티에 브레송(Henri Cartier Bresson)을 꼽을 수 있다. 유명한 작품으로는 '생 라자르 역'이라는 사진이 있다. 얼핏 보면 평범하지만 평론가들은 상당한 예술성이 그 안에 담겨 있다고 호

'생 라자르 역', 1932 ⓒ Magnum Photos, 유로크레온–한국 매그넘

평한다.

사진의 장면을 설명해 보면 이렇다. 거울같이 고요하고 하얀 물 위로 한 남자가 뛰어가려 하고 있다. 그의 그림자가 정확히 아래에 반영되어 있다. 남자의 동적 모습은 뒤편의 서커스단 포스터의 댄서와 대비되면서 묘한 감흥을 일으킨다. 정지화면임에도 폭발할 것 같은 긴장감을 느끼게 하며, 보는 사람에게 많은 상상과 감탄을 자아내게 한다. 이 사진을 이해하기 위해서는 중요 요소들 간의 대비를 먼저 이해할 필요가 있다. 사진평론가 박순기 교수님의 설명을 살펴보자.

❶ 포스터의 댄서 그림과 그림자, 물 위의 남자와 그림자의 위치가 위아래로 반대이다.

❷ 포스터의 댄서 그림과 물 위의 남자가 좌우 대각선으로 서로 반대다.

❸ 내외관계의 대비이다. 왼쪽에는 댄서 그림이 오각형의 집 안에 있는데 비해 오른쪽에는 남자의 벌린 다리와 물그림자 안에 오각형이 형성되어 있다.

❹ 동작과 방향관계가 서로 반대이다. 댄서 그림과 남자의 움직임이 좌우로 서로 반대이다.

❺ 움직임과 고요함이 대비관계를 이루고 있다. 남자와 그림

자의 커다란 움직임이 충돌의 긴장감을 주는 것과 달리 물은 극도의 고요함을 보여주어 움직임과 정지함의 대비를 보여주고 있다. 그에 비해 댄서 그림의 움직임은 숨겨져 있는 움직임이다. 그림자에 비친 움직임은 어두움에 묻혀 있다. 적극적 움직임과 소극적 움직임의 대비도 유사하다. ❻ 흑백의 대비를 들 수 있다. 뒤의 댄서 그림은 검은 오각형 건물 안에 있지만 물 위의 남자는 물의 흰색 바탕 안에 있다.

마지막으로 이 작품은 황금분할 구도를 도입하고 있다. 사진의 점선을 보면 상하좌우 모두 3:2의 비례를 정확하게 이용하여 사진을 찍었다. 또한 화면 전체의 무게중심이 쏠리지 않도록 남자의 그림자, 사다리와 원 등을 배치하고 있다. 이 작품으로 앙리 카르티에 브레송은 '결정적 순간'이라는 용어와 개념을 정립했을 뿐만 아니라 자신만의 독특한 사진세계를 펼치게 되었다.

사진이 단순히 추억을 기억하는 수단을 넘어서 예술이 될 수 있는 이유는 사진작가의 관점에 따라 새로운 그림이 될 수 있기 때문이다. 사진작가들은 카메라를 잡기 전에 프레이밍을 먼저 한다. 두 손의 엄지와 검지를 맞대고 눈앞에 가져다대는 것이다. 그러면 사각형 모양의 가상의 뷰파인더가 만들어진다.

이 뷰파인더를 통해 세상의 장면이 작가의 캔버스 안으로 들어온다. 제어할 수 없던 풍경과 환경이 작가의 통제를 받게 되는 것이다. 멀게 잡을지 가깝게 잡을지 몸을 움직여서 구도를 잡고, 가로화면이 좋을지 세로화면이 좋을지 손의 자세를 바꾸어도 본다. 이때 작가는 대상들을 넣고 빼기를 반복하며 확신이 설 때 카메라를 꺼내어 최종작품을 완성시킨다.

책은 세상을 바라보는 뷰파인더

사실 프레이밍 기법은 심리학 이론인 게슈탈트(gestalt) 프레이밍에서 비롯되었다. 게슈탈트란 독일어로 '형태'를 뜻한다. 가상의 점이나 선을 이용해 특정한 이미지로 도출해낸 형태를 가리킨다. 예를 들어 ∴는 단순히 점 3개가 놓여 있을 뿐이지만 자연스럽게 세모를 연상시킨다. 따라서 이 세모를 게슈탈트라고 할 수 있다. 심리학에서 게슈탈트는 세상을 지각하는 방식이다. 이러한 심리학의 이론을 사진에 적용한 것이 프레이밍 기법이다.

연속되는 점이나 선이 있으면 사람들의 시선은 점이나 선을

따라 움직이려는 경향이 있다. 자동차를 운전할 때 도로 표지판의 화살표를 보고 자연스럽게 따라가는 것처럼 화면에 시선을 끌 만한 형태나 선이 있으면 사람들의 시선은 자연스럽게 그것을 따라간다. 이러한 인간의 심리를 이용한 프레이밍이 게슈탈트 프레이밍이다.

앞서 설명한 '생 라자르 역'이라는 작품에 대해 여러분은 훌륭하다고 생각하셨는지 모르겠으나, 나는 처음 보았을 때 그다지 감동을 느끼지는 않았다. 그러나 이 사진은 그의 작품세계를 형성한 초기 작품이므로 의미가 있다. 이후에 앙리 카르티

자전거 타는 사람이 없다면

에 브레송은 그야말로 '결정적 순간'이라고 할 만한 작품들을 쏟아낸다.

또 다른 대표작으로 꼽히는 '이에르'는 미리 준비하고 있다가 피사체가 지나가기를 기다려서 찍은 게슈탈트 프레이밍의 결정판이라고 해도 과언이 아니다. 하나의 오브제를 선택하여 배치하는 것만으로 화면에 작가의 의도가 담기게 된다. 이 도시의 계단은 독특하고 재미있지만 단순히 계단만을 사진에 담아서는 좋은 사진이 되기 어렵다.

계단에 자전거를 타고 지나가는 사람이 없었더라면 이 사진은 누구나 찍을 수 있는 그저 그런 흔한 사진 중의 하나가 되었을 것이다. 우리는 이러한 프레이밍에 따라 관점을 완전히 다르게 만들 수 있다. 프레이밍 과정을 통해 얼마든지 우리의 삶을 주도적으로 변화시킬 수 있는 것이다.

앞서 소개한 관악구의 중학생은 『지상에 숟가락 하나』라는 책을 통해 스스로 자신의 현실을 새롭게 프레이밍할 수 있었다. 덕분에 주도적으로 변화했다. 만약 누군가가 가르치려 들고 잔소리를 했다면 그 학생의 미래는 더 암울해지고 삐딱한 삶을 살았을지도 모른다. 사물에 사진가의 관점을 프레이밍하는 것이 뷰파인더라면 현실을 바라보는 뷰파인더는 바로 책이다.

왜 책을 읽어야 하는가?

현장에서 학부모님들을 만나보면 책을 읽어야 하는 이유에 대해 가장 많이 물으신다. 어린이, 청소년, 성인을 불문하고 책을 읽어야 하는 이유는 무엇일까? 자신의 위치를 찾고, 인생의 목표를 설정하고, 나아갈 방향을 알기 위해서이다. 우리는 이 세 가지를 책을 통해 찾을 수 있다.

첫째는 나의 위치를 찾을 수 있다. 사람은 항상 두 가지 위치에 서 있게 마련이다. 끌고 가는 위치와 끌려가는 위치다. 끌려가는 사람은 현재 자신이 어디에 위치하는지 잘 알지 못한다. 반면에 끌고 가는 사람은 올바른 길을 갈 수 있도록 자신의 위치를 언제나 파악해 두어야 한다. 책은 자신의 위치를 확인하고 점검하는 나침반 역할을 한다. 위대한 인물을 아무리 존경한다고 해도 그 사람처럼 '되는 것'은 불가능에 가깝다. 시대와 환경이 분명 다르니 빌 게이츠가 되거나 링컨이 될 수는 없는 노릇이니까. 하지만 그 사람처럼 '사는 것'은 가능하다. 대학보다 마을의 작은 도서관을 더 좋아했던 빌 게이츠나 책을 얻기 위해서라면 궂은일도 마다하지 않았던 링컨처럼 사는 것은 가능하다.

　얼굴을 제대로 보려면 거울이 필요하듯이 마음을 제대로 보기 위해서는 거울이 필요하다. 그 거울이 바로 책이다. 자신의 위치를 모르면 방황하게 된다. 세계문학, 인문학서적, 역사서적 등을 읽는 목적은 역사적 사실이나 인물의 갈등, 지식 혹은 연도를 기억하기 위해서가 아니다. 타인의 경험 혹은 과거의 사실을 통해 현재의 상황을 이해하고 그 상황 속에서 나의 위치를 파악하기 위해서이다. 책은 콘텐츠를 담고 있다. 하지만 모든 책이 나에게 유용한 콘텐츠인 것은 아니다. 나에게 필요한 책을 찾아 상황에 몰입하면서 읽는 것이 중요하다. 그렇게 함으로써 책 속에서 스스로의 위치를 찾을 수 있다.

둘째는 인생의 목표를 설정할 수 있다. 방 안에 앉아서 멍하니 생각만 한다고 해서 목표가 생기지는 않는다. 나만의 인생을 만들기 위해서는 쏟아 붓는(input) 과정이 반드시 필요하다. 더 많은 사람을 만나야 하고 더 많이 경험해야 한다. 그런데 시간도 부족하고 이동거리도 만만치 않다. 이런 제약으로 인해 그 수많은 사람을 모두 만나볼 수는 없다. 그래서 필요한 것이 바로 책이다. 문학작품을 통해 주인공이 어떻게 살아왔고 어떤 삶을 살아가는지 알 수 있다. 책에는 수많은 사람이 등장하고 다양한 사건이 펼쳐진다.

여기서 우리가 주목해야 할 것은 카이로스적 시간이다. 시간의 개념은 카이로스(Kairos)와 크로노스(Chronos)로 나뉜다. 카이로스는 이벤트적, 사건적 시간이다. 반면에 크로노스는 자연스럽게 흘러가는 물리적 시간이다. 누구에게나 공평하게 흘러갈 뿐이다. 크로노스가 모두에게 동일하게 적용되는 시간인 반면에 카이로스는 사람들에게 각각 다른 의미로 적용되는 주관적 시간이다. '순간의 선택이 10년을 좌우합니다'라는 광고 문구처럼 카이로스적 시간은 일상적으로 의미 없이 지나가는 크로노스적 시간과는 질적으로 다르다. 카이로스적 시간은 하루를 알차게 살아낸 사람에게만 축복을 내려준다.

책을 읽는 동안 우리는 카이로스적 시간을 보낼 수 있다. 그 시간 동안 인생의 참된 목표를 설정할 수 있기 때문이다.

셋째는 나아갈 길을 찾아준다. 세상에 의미 없는 것은 없다. 오늘 우리가 누리고 있는 문명이라는 선물은 누군가가 꿈꾸고 실행하며 실패하는 과정에서 이룩해낸 결과이다. 라이트형제의 실패가 비행기를 만들었다. 에디슨의 실패가 전구를 만들었다. 3M의 실패가 포스트잇을 만들었다. 알량한 지식 몇 가지를 머리에 집어넣고 남들에게 과시하기 위해 책을 읽는 것이 아니다. 책을 통해 나를 발견하기 위해 읽는 것이다. 책 속 사람들의 성공 이야기를 반복해서 읽고 모방하라. 그리고 실행으로 옮겨라. 끊임없이 내 위치와 내가 가고자 하는 목표와의 차이를 좁히는 방법을 연구하라. 삶의 기준을 삼을 수 있는 원칙을 찾아야 한다. 그 과정에서 닮고 싶은 사람을 찾을 수 있을 것이다.

워렌 버핏처럼 살고 싶다는 목표를 세웠다면 어떻게 해야 할까? 워렌 버핏 같은 부자가 된다면 행복하겠다는 식의 막연한 동경은 아무런 도움이 되지 않는다. 워렌 버핏처럼 되고 싶다면 우선 워렌 버핏에 대해 조사해야 한다. 노트를 만들고 그와 관련된 책을 읽어본다. 그리고 유튜브를 찾아서 그와 관련된 모든 내용을 습득한다. 그렇게 조사하다 보면 워렌 버핏이 어떻게 살아왔는지 어렴풋이 윤곽이 잡힐 것이다. 워렌 버핏이 '되는 것'은 불가능할지 모른다. 하지만 워렌 버핏처럼 '사는 것'은 얼마든지 가능하다.

공무원 시험에 합격하고 첫 출근한 신입 공무원에게 어느 날 장관이 찾아와 덕담을 해주었다고 한다.

"30년간의 공직생활을 열심히 해주기를 바라네. 그럼 30년 뒤에 내가 자네에게 장관 자리를 주겠네."

신입 공무원은 너무나 기뻐서 머리를 조아리며 어찌할 바를 몰랐다. 기뻐하는 그에게 장관은 한마디를 추가했다.

"대신 조건이 있네."

그는 깜짝 놀라며 그 조건이 무엇이냐고 물었다.

"30년 동안 장관처럼 살게."

먼저 닮고 싶은 사람을 찾아보라. 억대연봉을 받고 싶은가? 그럼 억대연봉을 받는 사람처럼 살아라. 존경받고 싶은가? 존경받는 사람이 어떻게 살았는지를 연구하라. 아무리 존경받는 위대한 사람이라고 해도 처음부터 존경받지는 않았다. 그도 처음에는 남을 존경해 주는 것부터 시작했을 것이다. 존경받는 위치에 도달하기까지 많은 고난을 겪어야 했을 것이다. 과정은 무시한 채 우리는 결과만 보고 부러워한다. 그러면서 자꾸 다른 사람과 비교한다. 우리가 책을 읽어야 하는 이유는 지적 욕구를 채우기 위해서가 아니라 스스로를 불편하게 하고 자신의 바닥을 알기 위해서이다. 자신의 부족함을 느껴야 비로소 성장할 수 있다.

　세상은 급격하게 변하고 있다. 우리는 학교에서 배운 지식만으로 평생을 살아가기 어려운 시대에 살고 있다. 그런 의미에서 앙리 카르티에 브레송이 남긴 말은 우리에게 시사하는 바가 크다.

　"세상을 '의미'하기 위해서는, 뷰파인더를 통해 잘라내는 것 안에 우리 자신이 포함되어 있다고 느껴야 한다."

2

내 안에 잠든 독서습관을 깨우자

격려한다는 것은, 그의 말이 옳고
지금까지 하던 방식대로 계속 밀고 가라는 뜻이야.
그런데 그런 식으로는 정말 아무것도 성취하지 못할 거야.
천으로 두 눈을 가린 사람은 아무리 격려해 주어도
아무것도 보지 못하는 법이지.
천을 벗어야만 볼 수 있어.
그에게 필요한 것은 격려가 아니라 도움이야.

—프란츠 카프카의 『성』 중에서

책은 껌이다

초등학교 4학년인 아들 시우가 연설문을 준비할 때의 일이다. 새 학기를 맞아 학급의 회장 선거에 출마하겠다는 것이다. 원고를 작성하던 녀석은 대뜸 "아빠, 껌을 씹는 이유가 뭘까요?"라고 물었다. 나는 졸리거나 양치하기 어려울 때 주로 씹는다고 했다. 답변이 맘에 안 들었는지 이번에는 여동생 주하에게 물었다. 주하는 "스트레스가 풀리고 단물이 나오기 때문인데"라고 대답했다. 그제야 알았다는 듯이 고개를 끄덕이며 자기 방으로 돌아가서는 마저 써내려갔다. 한참 후 녀석이 쓴 원고가 궁금해서 몰래 들여다보았다. 연설문은 다음과 같이 쓰여 있었다.

"저는 우리 반을 잘 이끌어 나가기 위해서 다음과 같은 노력을 하겠습니다. 먼저 저는 우리 반이 뭉쳤으면 좋겠습니다. 그 이유는 행복하고 즐거운 학교생활을 여러분과 함께 즐기기 위해서입니다. 예를 들어서 우리 반을 껌으로 비유한다면 지금 우리 반은 딱딱한, 그러니까 포장지에서 뜯지 않은 껌과 같습니다. 제가 껌을 우리 반에 비유한 이유는 껌은 씹기 전에는 맛을 예측하기 어렵기 때문입니다. 그러나 껌을 씹으면 스트레스가 다운됩니다. 저는 우리 반이 씹는 껌이 되면 좋을 것 같습니다. 스트레스를 학교에서 풀고 바늘 가는 데 실 따라가듯, 가시 없는 장미가 없듯, 친구 없는 한 학기가 되지 않도록 노력하겠습니다."

껌은 딱딱하다. 하지만 일단 씹으면 부드러워진다. 내가 씹는 대로 모양이 바뀌고 스트레스도 풀리고 심지어는 단맛까지 나온다. 자꾸 씹다 보면 뱃속에 허기가 진다. 턱도 뻐근하다. 그 비유가 재미있어서 책에도 적용해 보았다. 책도 딱딱하다. 하지만 일단 읽으면 부드러워진다. 내가 읽는 대로 나의 모습이 투영되고 힐링도 되며 단맛까지 나온다. 자꾸 읽다 보면 지식에 허기가 진다. 목도 뻐근하다.

껌은 씹기 전에는 그 맛을 가늠하기 어렵다. 그러나 일단 씹기만 하면 다양한 맛으로 우리의 혀를 즐겁게 한다. 읽지 않은 책역시 포장지를 뜯지 않은 껌과 같다. 읽기 전에는 맛을 예측하기 어렵다. 하지만 일단 읽기만 하면 다양한 맛으로 우리의 뇌를 즐겁게 한다. 간혹 껌을 씹지 않는다는 사람을 만난다. 그들은 턱이 넓어진다거나 불량해 보인다거나 하는 이유를 들어 껌씹기를 기피한다. 마찬가지로 책을 읽지 않는다는 사람도 만난다. 그들은 저자의 사고가 주입되는 게 싫다거나 시간이 없다거나 하는 이유를 들어 책을 기피한다. 하지만 껌을 씹으면 기분이 좋아진다. 양치할 수 없는 상황이라면 입 냄새도 제거할 수있다. 책도 마찬가지다. 읽으면 기분이 좋아진다. 고민거리가 있다면 해결의 실마리를 찾을 수도 있다. 그렇다면 가히 책은 껌이라고 말할 수 있지 않을까.

책은 밥이다

"시우야, 네 연설문을 읽어보니 책도 껌과 같겠다는 생각이드는 걸?"

시우는 한참을 생각하더니 수긍하기 어렵다는 표정으로 대답했다.

"책이 껌이라고요? 아, 그건 아닌 거 같아요, 아빠."

그러고는 종이와 연필을 꺼내들고 내 옆으로 다가와 그림을 그려가며 설명하기 시작했다.

"제가 생각하기에 우리 몸에 필요한 음식물은 두 가지가 있어요. 그림을 보세요. 하나는 이렇게 안에서 몸을 튼튼하게 하는 것. 또 하나는 이렇게 밖에서 몸을 즐겁게 하는 것이죠."

"하나는 몸 안에서 또 하나는 몸 밖에서⋯⋯. 어떤 것들이 그렇지?"

"안에서 몸을 튼튼하게 하는 건 밥이죠. 피자, 고기, 햄버거가 다 밥에 해당돼요. 밖에서 몸을 즐겁게 하는 건 꽤 많아요. 젤리도 있고 과자도 있고 아이스크림도 있고 사이다도 있고요. 껌은 그중에 하나죠."

"책이 껌이라는 말은 껌이 '쉽다'는 말의 대명사로도 쓰이기 때문이지 반드시 껌만을 지칭하는 건 아니잖아."

"아빠 말씀도 이해할 수는 있어요. '이건 나한테는 껌이지' 뭐 이런 거 말이죠? 하지만 아무래도 책은 밥에 더 가까운 거 같아요. 밥은 매일매일 먹어야 하잖아요. 책도 매일매일 읽어야 하구요. 저는 밤에 아빠가 책을 읽어주면 잠도 더 잘 와요. 저녁을 많이 먹으면 잠이 잘 오는 것처럼요. 밥이 몸을 튼튼하게 해주는 것처럼 책은 정신을 건강하게 해주잖아요. 하지만 껌은 없어도 살죠. 젤리나 과자나 아이스크림도 마찬가지고요."

시우의 이야기를 들으니 책을 껌이라고 규정하기는 무리가 있어 보였다. 문득 우리 회사의 슬로건인 '책은 영혼의 양식입니다'라는 표어가 떠올랐다. 때로는 맛이 없는 밥도 있다. 하지만 굶고 살 수는 없으니 어떻게든 먹어야 한다. 반찬을 맛있게 만든다거나 물에 말아 먹는다던가 방법은 다양하다. 영혼의 양식인 책 역시 단지 맛없다는 이유로 내치지 말라. 독서습관은 성장의 계단이 될 수도 있을 테니 말이다.

우유를 습관처럼 마시듯
책도 습관적으로 읽을 수 있을까?

그렇게 밥이 중요하다지만 매일 아침이면 우리 집 아이들은 밥보다 우유를 먼저 찾는다. 우리 아이들뿐만이 아니다. 또래 어린이들은 항상 습관처럼 우유를 마신다. 마트나 식료품점의 유제품 코너에는 다양한 유제품과 우유로 가득하다. 어떻게 어린 아이들은 아침마다 우유를 찾게 되었을까? 오늘도 주저 없이 학교 우유 급식을 신청하는 아내를 보니 부모들이 어린 시절에 우유 급식을 했던 것에서 그 유래를 찾을 수 있겠다. 군것질이 귀하던 우리의 어린 시절에 부모들은 학교에서 우유를 받아먹이는 것으로 영양보충을 해주었다. 친구들이 마시니 나만 안마실 수 없는 노릇이었다.

계란이나 우유는 원래 다른 동물의 알과 마찬가지로 한 생명체를 키우는 식품으로, 영양소가 최선의 방법으로 비축되어 있다. 가축에서 얻기 때문에 무엇보다 가격도 저렴하다. 그리스의 의학자 히포크라테스(Hippocrates)도 우유를 완전식품이라고 칭하였다.

19세기 말까지 우유는 그다지 대중적인 식품이 아니었다. 프랑스 역사학자 브루노 로리유(Bruno Laurioux)에 따르면, 주로 농사를 짓는 남유럽 민족들에게는 유목생활을 하면서 짐승의 젖과 고기를 먹으며 가죽을 몸에 걸치는 북유럽 사람들이 야만인으로 비춰졌다. 중세에도 우유와 유제품을 먹는 것은 미개한 민족들의 후진성을 상징했다. 19세기에 도시 사람들이 마셨던 우유는 대부분 증류주 양조장의 폐수를 먹고 자란 병약한 소에서 짜낸 '상한 우유'였다. 신선한 우유를 마시기 어려웠고 특히 여름에는 더욱 그러했다. 그러다 19세기 말부터 운송수단과 냉장시설 그리고 파스퇴르의 저온살균법이 개발되어 신선한 우유가 도시로 배달되는 것이 가능해졌다. 이것은 직장에 다니며 모유를 먹이던 도시 엄마들에게 대단한 희소식이었다.

오늘날 전 세계 아이들은 우유를 마시고 있다. 전 세계에서 우유를 가장 많이 소비하는 북유럽은 물론이고 유럽연합을 비롯해 오스트레일리아, 캐나다, 뉴질랜드, 미국, 아시아 국가의 아이들 역시 습관처럼 우유를 마신다. 왜 그럴까? 성장기 아이들에게 우유가 필요하기 때문이다. 미국 최고의 영양학자 엘머 맥컬럼(Elmer McCollum)은 "동양인들은 젖을 떼고 나면 우유를 마시지 않는다. 서양인이 동양인에 비해 체력이나 활력이 우월한 이유가 여기에 있다"고 주장했다. 이로 인해 미국 중산층의 우유 소비가 크게 증가했고, 이에 자극을 받은 일본은 1947년부터 학교에서 우유 급식을 시작하였다. 중국에서는 2000년부터 학교 우유 급식을 본격화하기 시작했다. 현재 전 세계 우유의 수요는 해마다 3퍼센트씩 늘고 있다. 어린 시절부터 우유를 마시는 습관이 있는 사람이 많기 때문에 세계 우유 산업은 불황을 모를 것이다.

그런데 우유와 달리 책을 습관적으로 읽는 사람은 많지 않다. 초등학생부터 성인에 이르기까지 우리는 매우 바쁜 나날을 보내고 있느라 독서할 시간이 없다. 2018년 2월 5일 문화체육관광부는 '2017 국민독서실태조사'를 발표했다. 이 조사에 따르면 우리나라 성인 10명 중 4명은 일과 학업, 가사 때문에 바빠서 1년에 책을 한 권도 읽지 않은 것으로 나타났다. 그렇다면 독서습관을 기르는 좋은 방법은 없을까?

"세 살 버릇이 여든까지 간다"는 속담은 습관의 중요성을 명쾌하게 정리한 말이다. 영국 런던대학의 교육학자 피터즈(R. S. Peters) 교수는 "인간은 습관이라는 정원을 통해 이성이라는 안방으로 도달할 수 있다"고 말했다. 사람이 올바른 가치판단과 명쾌한 논리를 전개하는 이성능력을 제대로 발휘하기 위해서는 습관을 먼저 익혀야 한다는 뜻이다. 습관은 길과 같다. 한 번 길이 나면, 그 길로 다니게 마련이다. 그 길을 새로 바꾸거나 전혀 새로운 길을 다시 뚫는 것은 매우 어렵다. 습관을 고치는 것은 잘못된 길을 고치는 것처럼 쉽지 않은 일이다.

이러한 습관의 특성을 올바르게 활용한다면 어떨까? 좋은 습관을 기르는 것으로 말이다. 앞서 이야기한 것처럼 우유를 마시는 습관에 길들여진 아이들은 어른이 되어서도 자녀에게 우유 마시는 습관을 물려준다. 마찬가지로 어린 시절에 독서하는 습관이 몸에 배인 사람은 어른이 되어서도 자녀에게 독서습관을 물려준다. 이처럼 독서하는 바람직한 습관을 기르면 자신뿐 아니라 자녀에게도 큰 도움이 될 것이다.

행동주의 심리학에서는 "습관이란 조건화 과정"이라고 말한다. 즉, 어떤 행동이 우연히 일어나고, 그것과 결부되어서 정서적 만족을 주는 결과나 파급효과가 생겨나면, 그런 행동이 다시 반복되어 일어날 가능성이 커진다. 어떤 행동이든 '반복된 정서적 만족'이 일어나면, 습관이 형성될 수 있다. 반면에 정신분석학에서는 "습관이란 어떤 행동이 고착된 것"이라고 말한다. 고착이란 어떤 상황에서 개인이 불안이나 정서적 불안정을 극복하기 위해 과거에 사용했던 행동방식을 그대로 반복하게 되는 경우를 말한다.

결국 행동주의 심리학과 정신분석학의 이론을 종합해 보면 습관이 형성되는 과정은 두 가지 요소를 포함한다. 하나는 '반복'이고 다른 하나는 '정서적 만족감'이다. 아울러 습관은 어릴수록 형성되기 쉽다. 행동주의 심리학에서는 습관은 어릴수록 형성되기 쉽다고 하고, 정신분석학에서는 인간행동의 기본적 성향은 6세 이전의 아동기에 결정된다고 주장한다. 그런 점에서 볼 때 독서습관 역시 어릴 적에 더 잘 이루어진다는 사실을 알 수 있다.

그러나 1990년대 이전에 학창시절을 보낸 성인들은 교육여건상 독서습관을 형성하기 어려웠다. 그럼에도 불구하고 서점에 가면 성인이 되어서 책을 가까이 하게 되었다는 사람들의 성공사례를 담은 책이 끊임없이 출간되고 있다. 이런 사실은 매우 고무적이다. 여하튼 독서습관을 꾸준히 유지하기 위해서는 독서원칙을 수립하는 것이 무엇보다 중요하다. 망망대해를 항해

하는 항해사들은 떠나기 전에 지도를 꼼꼼히 보고 계획을 세운다. 우리 역시 독서습관을 기르기 위한 여행을 떠나기 전에 독서원칙을 세워야 한다.

잡지 「석세스」의 창간자인 오리슨 스웨트 마든(Orison Swett Marden)은 "습관은 처음 시작될 때는 보이지도 않는 얇은 실과 같다. 그러나 습관을 반복할 때마다 실은 두꺼워지며, 우리의 생각과 행동을 꼼짝없이 묶는 거대한 밧줄이 될 때까지 한 가닥씩 보태진다"라고 말했다. 습관은 '반복'과 '정서적 만족감'이라는 요소를 포함한다는 말이다. 이러한 습관을 형성하기 위해서는 독서원칙이 필요하다. 그렇다면 우리는 독서원칙을 어떻게 세워야 할까?

누구나 쉽게 독서습관을 기를 수 있는 육하원칙

신문기자들은 기사를 쓸 때 육하원칙을 지킨다. 육하원칙은 '누가(Who)', '어디서(Where)', '언제(When)', '왜(Why)', '무엇을(What)', '어떻게(How)'의 여섯 가지를 글에 담아야 한다는 원칙이다. 육하원칙은 초등학생도 알 만큼 널리 알려진 원칙인데, 새로운 일을 시작하기 위해 계획을 세우는 데도 적합한 방법이다. 그런데 이 원칙은 독서습관을 기르는 원칙을 세우는 데도 활용될 수 있다. 남녀노소 누구나 생활 속에서 독서습관을 쉽게 기를 수 있는 좋은 방법이 없을까 고민하다가 나는 육하원칙을 고안하게 되었다.

독서원칙을 세우기 위해서는 우선 자신(Who)에 대해 알아야 한다. 여성들 사이에서 혼자 요가를 했다는 남자 동료의 무용담을 듣고 한참을 웃은 적이 있다. 그 용기가 가상하기는 하지만 아무래도 남성에게 맞는 운동과 여성에게 맞는 운동은 따로 있다. 신체구조와 무게중심이 다르기 때문이다. 저축을 하고자 하는 사람이라면 누구를 대상으로 하는 저축상품인가를 검토하는 것이 선행되어야 한다. 결혼을 준비하는 사람이라면 좀 더 장기적으로 납입할 수 있는 상품이 좋을 것이다. 자동차를 구입하려는 골드미스라면 단기적인 저축상품이 효과적일 것이다.

다음으로 어디서(Where) 하는지도 중요하다. 운동을 해야 하다면 회사 근처 헬스클럽에서 할 것인가, 집 앞 피트니스 센터에서 할 것인가, 아니면 동네를 한 바퀴 돌 것인가를 결정해야 한다. 저축의 경우라면 어느 은행에 저축할 것인지를 정해야 한다.

그 다음에는 시간(When)을 고려해야 한다. 운동이라면 아침에 할 것인가 저녁에 할 것인가를 정해야 한다. 저축을 한다면 급여일과 지출을 고려하여 이체 날짜를 정해야 한다.

또 합당한 이유(Why)가 없으면 습관은 생길 수 없다. 아침마다 운동을 하는 습관을 가진 사람은 '건강을 위해서'라는 명확한 이유가 있다. 저축을 하는 습관을 가진 사람은 '내 집 마련을 위해서'라거나 '자동차를 구입하기 위해서'라는 이유가 있을 것이다.

그 다음으로 목표(What)를 정해야 한다. 아무리 운동이 좋아도 수영과 사이클을 한꺼번에 하는 것은 부담될 것이다. 한정된 월급으로 저축을 하려면 얼마를 해야 할지 선택해야 한다.

마지막으로 방법(How)이 중요하다. 살을 뺄 욕심에 처음부터 러닝머신을 너무 오래 타면 인대에 무리가 간다. 아령도 가벼운 것에서부터 서서히 무거운 것으로 무게를 늘려야 한다. 그런 방법을 무시하고 처음부터 무리를 하면 습관이 몸에 배이기도 전에 탈이 나게 마련이다. 저축이라면 새로 나온 금융상품을 살펴볼 필요가 있다. 6개월짜리 상품으로 목돈을 만들고 3년 정기적금으로 갈아탈 것인지, 주택청약은 얼마로 언제 시작할 것인지에 대한 방법을 설정해야 할 것이다.

이러한 육하원칙을 독서에 적용하면 다음과 같다.

자신(Who)

자신(Who)에 대해 자각하는 것부터 시작해야 한다. 영어 실력을 늘려보겠다고 어린이용 영어 원서를 펼쳐보는 성인이 종종 있다. 하지만 아이의 눈높이에 맞춰 있는 어린이용 영어 원서로는 영어 실력을 기르기도 힘들고 흥미로운 독서가 되기도 어렵다. 또 중고등학생이 난해한 문학작품을 읽는 것 역시 무리다. 나 자신에게 맞지 않는 섣부른 책 읽기는 오히려 책과 멀어지게 하므로, 읽지 않는 것보다 해로울 수 있다.

어디서(Where)

나에게 적합한 책을 선별했더라도 장소(Where)가 마땅치 않으면 읽기 어렵다. 요즘은 지하철이나 버스에서 책을 읽는 사람이 많지 않다. 대부분의 사람들이 스마트폰을 보고 있기 때문이다. 하지만 직장인 혹은 학생에게 지하철과 버스는 하루 중에 혼자만의 시간을 가질 수 있는 공간이기도 하다. 지하철과 버스에서 독서하는 습관만 들여도 독서할 장소 하나는 확보한 셈이다.

시간(When)

독서할 장소도 정했는데 시간(When)이 없으면 읽을 수 없다.

술 마실 시간은 있어도 책 읽을 시간은 없다는 사람들이 많다. 계약이 어그러졌거나 상사에게 잔소리를 들은 날이라면 퇴근 후에 시간이 많더라도 책이 손에 잡힐 리가 만무하다. 산적한 프로젝트를 앞두고 있다면 『오만과 편견』의 아기자기한 고급 문장도 달콤하지만은 않을 것이다. 이런 경우가 독서에만 적용되는 것은 아니다. 회사 신입사원 시절에 갓 결혼하고 얼마 동안은 눈치도 보이고 바쁘기도 해서 좀처럼 부모님께 안부전화를 못 드렸다. 그때 다짐한 것이 있다. 만약 팀장이 되면 일주일에 두세 번은 꼭 전화를 드려야겠다고 말이다. 지금은 그 정도로 바쁘거나 눈치를 볼 상황이 아니지만 오히려 신입사원 시절보다 더 전화를 못 드린다. 그렇다. 시간이 없다는 말은 핑계에 불과하다. 마음만 먹으면 얼마든지 시간을 만들 수 있을 것이다.

이유(Why)

독서의 이유(Why)는 다른 누군가가 찾아주는 것이 아니라 스스로 찾아야 한다. "말을 우물가에 끌고 갈 수는 있어도 억지로 물을 먹일 수는 없다"는 속담이 있다. 부모 또는 독서지도사가 아이에게 강제로 책을 읽히느라 자리에 앉혀둘 수는 있겠지만 올바르게 읽기를 기대하기는 어렵다. 오히려 책을 읽히려는 사람과 읽는 사람 모두 에너지만 소모될 뿐이다. 최근에는 직원들에게 의무적으로 독서모임을 시키는 회사가 많은데, 효율성이 떨어지는 것도 바로 이 때문이다. 누구나 시켜서 하는 일은 재미없다. 독서는 다른 사람을 위해서가 아니라 나 자신을 위해 하는 것임을 고려하고, 스스로의 취향과 목적에 따라 읽고 싶은 책을 고르는 것이 바람직하다.

목표(What)

어느 날 갑자기 책을 읽고 싶어서 책상에 앉았다고 치자. 하지만 내 자신이 어떤 책(What)에 관심이 있는지 모르면 만족스러운 독서가 이루어지기 힘들다. 요즘은 온라인이든 오프라인이든 서점별로 다양한 분야별로 책을 분류 및 진열하고 있다. 만약 취업에 필요한 면접법을 다루고 있는 책을 읽고 싶다면 '취업준비'와 관련된 책을 진열한 매대를 방문하는 것이 좋다. 반면에 베스트셀러 순위만 보고 무턱대고 구입했다가 안 읽는 경우가 많다. 남들이 다들 읽는 책이니 괜찮겠지 싶었는데, 막상 책장을 펼치면 자신의 관심사와 먼 내용을 담는 책을 만나는 경우가 많다. 자신에게 필요한 책을 선별하기만 해도 불필요한 도서구입비를 줄일 수 있다.

방법(How)

영화나 드라마를 보는 경우에는 화면 앞에만 앉아 있어도 어떻게든 한두 시간은 가게 마련이다. 그러나 독서는 시작하는 것부터 쉽지 않다. 그리고 시작한다고 해도 끝내리라는 보장도 없다. 특히 한 권을 제대로 읽어본 경험이 없는 사람이라면 독서가 골프를 처음 하는 것처럼 힘들 것이다. 골프를 처음 하는 사람들은 골프연습장에서 기초를 닦다가 어느 정도 실력이 늘면 골프장에서 라운딩한다. 독서 역시 처음에는 조금은 쉬운 책부터 읽는 것이 바람직하다. 남들이 읽는다고 해서 처음부터 어려운 책을 무턱대고 읽으면 낭패를 보기 십상이다.

쉬운 책을 고르는 것이야말로 독서를 시작하는 데 있어 가장 필요한 조건이다. 여기서 쉬운 책이란 문장이 쉽다는 것이지 내용이 쉽다는 것은 아니다. 읽고 싶은 주제가 정해졌다면 문장이 쉬운 책을 고르는 것은 어렵지 않다. 책의 일부분만 읽어도 쉽게 읽힌다면, 그런 책은 자신에게 적합한 책이 될 수 있다. 나 역시 어렵게 쓰인 책은 아무리 흥미로운 주제라도 읽고 싶지 않다. 반면에 내용과 무관하게 술술 읽히는 책은 더 읽고 싶어진다.

독서는 우리 마음속의 잡초를 곡식으로 바꾼다

흡연 인구가 줄어들면서 새해가 되면 담배를 끊겠다는 사람들이 많아졌다. 흡연 습관을 없애고 금연에 성공하는 사람들의 사례를 살펴보면 부정적 중독행위를 없애는 '긍정적 대체물'을 활용했다는 것을 알 수 있다. 긍정적 대체물은 은단이나 사탕, 껌, 과자 등 다양하다.

긍정적인 대체물과 관련된 재미있는 우화가 하나 있다. 한 철학자가 여러 제자와 함께 10년간 세상을 여행하고 돌아오는 길이었다. 여행을 마치고 돌아온 제자들은 각자 나름대로 깨달음의 경지에 올라 있었다. 철학자는 잡초가 무성한 교외에서 제자들에게 말했다.

"학업은 끝났다. 이제 마지막 질문을 하겠다. 내게 어떻게 하면 이 잡초를 없앨 수 있는지 말해 보아라."

인생의 진리를 탐구해 온 스승의 질문이 이토록 간단할 줄 몰랐던 제자들은 심히 당황했다. 한 제자가 말했다.

"스승님, 호미만 있으면 됩니다."

다른 제자가 말했다.

"불로 태우는 것도 좋은 방법입니다."

세 번째 제자의 대답은 더욱 간단했다.

"잡초를 뿌리째 뽑으면 됩니다."

제자들이 대답을 마치자 철학자가 말했다.

"오늘은 여기까지다. 이제 각자의 방법대로 잡초를 뽑아 보거라. 그리고 1년 후에 다시 모이도록."

1년 후, 제자들이 모두 한자리에 모였다. 그런데 모이기로 했던 그 자리는 잡초가 무성한 곳이 아니라 곡식이 자라는 경작지로 변해 있었다. 제자들은 자리에 앉아 철학자가 오기를 기다렸지만 철학자는 끝내 오지 않았다. 수십 년 후 철학자는 세상을 떠났고, 제자들은 스승의 언행을 정리하면서 다음과 같은 문장을 덧붙였다.

"들판에 있는 잡초를 뽑는 가장 좋은 방법은 바로 곡식을 심는 것이다."

들판의 잡초를 뽑는 가장 좋은 방법이 곡식을 심는 것이라면, 우리 마음속의 잡초를 뽑는 가장 좋은 방법은 무엇일까? 바로 독서이다. 독서는 과거의 내 모습에서 벗어나 새로운 나를 만들 수 있는 긍정적인 대체물인 것이다.

📖

반론이나 반박을 위한 독서는 하지 말아야 한다.

책의 뜻을 잘 모르면서 그대로 외는 것도 좋지 않다.

이야깃거리를 만들려고 해서 읽는 것도 탐탁하지 않다.

중요한 것은 음미하고 숙고하는 일이다.

-모티머 애들러의 『독서의 기술』 중에서

제2부

3W
나에게 맞는
독서 시간과
장소는
따로 있다

3

독서, 나한테 맞는 책을 골라야 만만해진다

본래 땅 위에는 길이 없었다.
걸어가는 사람이 많아지면 그것이 곧 길이 되는 것이다.

–루쉰의 『고향』 중에서

열 번을 읽어도 왜 이해되지 않지?

한창 책에 관심 있던 고등학교 시절 수준에 맞지 않는 책을 읽어서 고생했던 적이 있다. 책 읽기는 물론 글쓰기 실력이 부족한데 문예신문반이라는 동아리에 들어갔던 것이다. 초등학생 때는 벨기에 출신의 작가 에르제(Herge)가 쓴 『땡땡의 모험』이라는 만화책을 좋아했는데, 이 작품에 등장하는 주인공의 직업이 기자였다. 그 이후로 막연하게나마 기자에 대한 동경이 있었다. 그러다가 신입생을 대상으로 기자를 뽑는다고 해서 덜컥 지원했다.

문예신문반은 10월에 열리는 학교 축제기간에 시화전을 연다. 축제가 끝나면 그때부터 선배들에게 기사작성법 등을 배우고 12월에 신문을 발행한다. 신문은 일 년에 딱 한 번만 내고, 평상시에는 문학작품을 읽고 시를 쓰는 것이 주요 활동이었다. 학교에서 공식적으로 발급받은 기자증도 이때부터 사용된다. 재미있는 것은 이 동아리의 공식적인 명칭은 문예신문반이지만 비공식적인 명칭은 열음문학동인회였다. 국어 교과서에서나 접해 봤을 법한 문학동인회 말이다.

시는 그전까지 접해 보지 못했고 책을 읽는 것이 좋지도 않고 싫지도 않고 편하지도 않고 불편하지도 않았지만 어쩔 수 없이 읽어야 했다. 당시에 함께 동아리에 들어온 친구들 중에 또래보다 한 살 많은 김정빈이라는 친구가 있었다. 이 친구는 중학교 때 이미 시를 써서 여러 차례 수상한 경력이 있었다. 키가 크고 눈도 큰 안동균이라는 친구는 중학생 시절부터 문인회에 소속되어 활동하고 있었다. 평범해 보이는 나머지 친구들도 누구는 전교 1등 또는 반에서 1등을 할 정도였다. 더구나 우리를 가르치던 선배들은 비공식이기는 하지만 문집도 여러 번 낸 경험이 있었다. 책을 열심히 읽지 않고서는 버티기 어렵겠다는 생각이 들자, 나는 한껏 주눅이 들어버렸다.

다른 친구들이 좋아하는 책의 장르도 다양했는데, 나이도 많고 경험도 풍부한 정빈이는 장편소설과 철학서를 주로 읽었다. 특히 이외수와 도올 김용옥을 좋아해서 이들의 작품은 신간이 나오자마자 득달같이 서점으로 달려가서 사보았다. 마치 애플스토어에 줄을 서서 첫 출하하는 아이폰을 손에 쥐어야만 직성이 풀리는 얼리 어댑터 같았다. 다음 날 학교에 와서는 마치 밤을 세워가며 줄 서서 구매한 아이폰인 양 새로 구매한 책을 자랑스레 꺼내들곤 했다. 모범생이던 범성이는 조선일보 애독자였다가 한겨레 창간호가 처음 동아리방에 선보인 이후로 한겨레 애독자가 된 신문 마니아였다. 범성이의 취미는 누구를 만나든 신문의 어떤 면을 가장 먼저 펼쳐보는지 묻는 것이었다. 마치 혈액형이나 손금에 따라 사람의 성향이 정해 있다는 운명론처럼 신문의 어떤 면을 펴는가가 그 사람의 성향을 나타낸다고 믿는 것 같았다. 나중에 교지편집부로 옮겨간 홍승모라는 친구는 여름방학 동안 도스토예프스키(Fyodor Mikhailovich Dostoevskii)의 『카라마조프가의 형제들』과 헤르만 헤세(Hermann Hesse)의 『유리알 유희』를 읽었다면서 그 작가들에 대한 나의 견해를 묻기도 했다. 그 이후로도 승모와 단짝처럼 지냈던 것을 보면 나에게도 어느 정도는 문학적 식견이 있었던 모양이다. 하지만 당시에 나는 다른 또래들과 마찬가지로 헤르만 헤세의 『데미안』 정도만 읽었다.

이런 분위기에 휩쓸려 이해하든 못하든 나는 어떻게든 책을 읽어야 했다. 처음에 읽은 책이 윤후명의 『협궤열차』와 이청준의 『가수(假睡)』라는 작품이었다. 둘 다 단편이었는데 공감도 안 되고 내용도 어려웠다. 내가 주제 발표를 하기로 한 작품은 윤후명의 『협궤열차』였다. 전교 1등으로 입학한 범성이가 내가 발표하는 내용을 듣고 있다가 "이론적인 배경 없이 임의로 해석하는 것은 곤란하지"하고 지적했는데, 그 기억이 지금도 생생하다. 사회적인 이슈나 정치적인 문제를 다룬 문장에 관한 한 범성이가 아니라고 하면 분명히 아닌 것이다. 이때는 친한 것도 아무 소용없다. 내 논리가 옳다는 증거를 몇 가지만 대달라는 친구의 지적에 배경지식 없이 변명을 하자니 바닥만 더 드러날 뿐이었다. 이런 식으로 책 읽기를 시작했으니 독서가 좋았을 리가 없다.

글쓰기는 훨씬 더 힘들었다. 1학년 때 담임선생님의 담당과목이 국어였고, 동아리 선생님도 국어를 담당해서 나름 상승효과가 있을 거라 생각했지만 전혀 도움이 되지 않았다. 당시만 해도 입시와 글쓰기는 전혀 관계가 없었던 터라 담임선생님은 내가 동아리 활동보다는 공부에 좀 더 집중하기를 바라셨다. 동아리 선생님은 1년에 한두 번 볼까말까 했다. 배울 곳이 마땅치 않았으므로 무작정 친구들을 따라했다. 처음에는 범성이를 따라했고, 나중에는 정빈이를 따라했다. 한 번은 범성이가 쓴 '마지노선'이라는 시에 감동을 받았다. 넓은 지역에 만들어졌던 프랑스의 방어 요새인 마지노선을 한 방에 무력화시킨 독일의 이야기를 비유한 시였는데 참으로 대단했다. 나도 모르게 비슷하게 따라 썼을 정도니 말이다. 또 승려의 춤을 모티브로 한 정빈이의 '승무'라는 시는 감성이 충만하고 표현이 어른스러워서 따라 쓸 엄두도 못 냈다.

나중에 학교 대표로 글짓기 대회에 나가서 상을 타지 않았다면 나는 지금까지도 자괴심이 들었을 것이다. 피아노 건반은 누르면 소리라도 난다. 기타는 선을 건드리면 어떻게든 울리게 마련이다. 그러나 원고지는 말이 없다. 어떻게든 첫 문장의 물꼬를 트지 않으면 결과물은 존재하지 않는다. 창작의 고통을 너무 일찍 알아버린 것이다. 당시에 여학생들에게 인기가 많은 기타반이나 흥겨운 밴드부 대신 이런 동아리를 선택했을까 싶어 후회가 막심했다.

독서의 가치를 잊고 사는 그대에게

20세기 남미 대표작가 중의 한 명인 호르헤 루이 보르헤스

(Jorge Louis Borges)는 '천국'을 상상해 달라는 질문에 "천국은 필시 정원이 아니라 도서관처럼 생겼을 것"이라고 말했다. 독서를 고리타분하고 지루하기 짝이 없다고 생각하는 사람들에게는 쉽게 이해되지 않는 말이다. 생각해 보면 우리는 책을 왜 읽어야 하는지도, 어떻게 읽어야 하는지도 배우지 않았다. 독서의 가치를 깨닫지 못하고 책을 체계적으로 읽어오지도 않았다.

한때 트럼프를 누르고 공화당 대통령 후보 1위를 했던 의사 출신의 한 정치인의 사례를 살펴보자. 그는 미국 디트로이트의 빈민가에서 태어난 흑인이다. 그가 8살 때 부모님은 이혼하고 어머니 혼자서 아들 둘을 키웠다. 어머니는 식모였기 때문에 아이들 교육에 신경 쓸 틈이 없었다. 초등학교에 입학한 그는 기초학습이 되어 있지 않아서 다른 아이들을 따라갈 수 없어 전교 꼴찌를 하고 말았다. 보다 못한 그의 어머니가 한 가지 제안을 했다. 식모로 일하며 여러 집을 다녀 본 결과 사회적으로 존경받는 집안은 조용하고 책을 읽는 분위기였고, 그렇지 않은 집은 시끄러웠다. 그래서 독서하는 습관을 갖도록 한 것이다.

그녀는 아이들에게 도서관에 가서 어떤 책이라도 상관없으니 일주일에 두 권을 읽게 했다. 형제는 도서관에 갔지만 이해되는 책이 없었다. 어머니와 약속을 했지만 어떤 방식으로 어떤 책을 골라야 할지 알 수 없었던 그는 도서관 사서에게 도움을 요청했다. 사서는 아이들의 수준을 감안하여 그림이 많아서 보기 쉬운 자연학습도감을 추천해 주었다. 그날 이후 형제는 책을 읽고 나면 도감에서 보았던 돌의 이름을 알아맞히는 놀이를 하며 지냈다.

어느 날 선생님이 수업 시간에 암석 3개를 학생들에게 보여주면서 무슨 암석인지 대답해 보라고 했다. 그는 손을 번쩍 들었다. 선생님이 앞에 나와서 알아맞히라고 하자 아주 쉽게 암석들의 이름을 알아맞혔다. 어떻게 알았냐고 묻자 "도서관에서 책을 보고 공부해서 알았다"고 했다. 그리고 수업 시간 동안에 반 친구들 앞에서 암석에 대해 강의했다. 처음으로 선생님과 친구들에게 인정받자 기뻤던 그는 독서의 가치를 깨닫기 시작했다. 그 후로 초등학교 1학년 교과서를 읽기 시작했고, 2학년, 3학년 교과서를 모두 읽었다. 그러자 선생님의 수업이 조금씩 이해되었다. 그는 다음 해에 반에서 1등을 했다. 심지어 고등학교를 우수한 성적으로 졸업했다. 결국 의대에 진학한 그는 30대 초반에 존스홉킨스대학의 신경외과 과장이 되었다.

그가 바로 세계 최초로 머리가 붙은 샴쌍둥이 수술에 성공한 의사 벤 카슨(Ben Carson)이다. 이 모든 것을 가능하게 한 것은 바로 독서의 힘이다. 독서는 꼴찌를 1등으로 만들어준다. 운동의 가치를 알면 땀이 찰 때 힘든 것쯤은 당연하게 받아들이고 오히려 즐거워하는 것처럼 책 읽기도 그러하다. 숙련된 기술을 가지려면 꾸준한 훈련을 거쳐야 하듯이 독서도 어느 정도 익숙해질 때까지 약간의 고통이 따른다.

단번에 이해할 수 있는 책부터 읽어라

오늘날에는 독서의 가치를 모르는 성인이 많다. 이런 사람들에게 갑작스러운 책 선물은 기쁨이 아니라 부담으로 작용할 수 있다. 더글라스 케네디(Douglas Kennedy)의 『빅 픽처』라는 소설이 있다. 윌리엄 서머셋 모옴(William Somerset Maugham)의 『달과 6펜스』에서 모티브를 얻은 작품이다. 증권가의 유망한 중개인이 불혹의 나이에 갑자기 화가의 꿈을 이루기 위해 타히티 섬으로 떠나 두 번째 인생을 사는 것이 『달과 6펜스』의 줄거리라면, 『빅 픽처』는 증권가의 유망한 변호사가 우연한 사고에 말려들어 사진작가로 살아가는 내용이다. 『빅 픽처』의 마지막 장을 덮자마자 대학생 때 친구들이 떠올랐다. 힘든 시절을 함께한 만큼 최근까지도 자주 만나는 친구들이다. 새로운 삶을 꿈꾸던 마흔 즈음에 이 책을 가슴 깊이 읽은 나는 친구들에게도 비슷한 감동을 전하고 싶었다. 기분 좋게 친구들에게 한 권씩 선물했다.

책을 선물하고 4개월 정도 지난 후 친구들과 다시 모였다. 무엇보다도 책에 대해 이야기를 나누고 싶은 마음에 그들의 느낌부터 물어보았다.

"얘들아, 『빅 픽처』 어땠냐?"

그러나 돌아오는 대답 때문에 당황스러웠다. 아무도 읽지 않았다는 것이다. 실망이 이만저만 아니었다. 그중 한 친구에게 섭섭하다는 말을 전했더니 돌아오는 답변이 놀라웠다.

"책을 펼치니까 10페이지도 못 읽겠더라. 끝까지 읽는 건 엄두도 안 나고. 근 십 년 동안 책 한 권을 온전히 읽어본 기억이 없다. 미안하지만 사실이야."

그 친구는 제약회사의 무역팀에서 일하는 화이트칼라 직장인이다. 어문학을 전공했으니 영어도 제법 잘한다. 하지만 독서를 즐기지는 않는다. 나머지 친구들도 다를 바 없었다. 아내에게 줘서 모르겠다느니, 왜 읽어야 하냐느니, 도대체 책을 읽어서 뭐 하냐는 분위기였다.

우리는 왜 책을 읽기 싫어할까? 독서 능력이 부족하기 때문일까? 책 읽는 것 자체를 싫어하기 때문일까? 아무리 책 읽기를 싫어하는 사람도 편하게 읽을 수 있는 무협지나 연애소설은 금방 읽는다. 그런데 우리가 소위 세계문학이라고 부르는 작품들은 어릴 때부터 독서를 꾸준히 해야만 읽을 수 있는 경우가 많다. 그렇게 따분하고 어려운 책들을 억지로 읽으려고 하니 힘들기만 하고 재미가 없는 것이 당연한 것이다.

이쯤 되면 독서는 원래부터 책을 좋아했던 사람들의 전유물이 아닌가 생각할 수도 있다. 물론 동서양을 막론하고 글자를 안다는 것 자체가 신분을 나타내던 시절이 있었다. 양반들 혹은 성직자나 귀족들만 책을 읽었으니 말이다. 마르틴 루터(Martin Luther)가 종교개혁을 성공할 수 있었던 것도 실은 어려운 라틴어로 되어 있는 성경을 독일의 평민들이 읽을 수 있는 독일어로 번역했기 때문이었다. 그로 인해 성경은 더 이상 성직자들만의 전유물이 아닌 대중적인 책이 되었다. 이러한 점을 고려한다면 어렵지 않게 읽을 수 있는 책, 그런 책을 읽는 것부터 시작하는 것이 바람직하다.

수준에 맞는 책을 읽는 것부터 시작하라

한우리열린교육에서는 직원들에게 여러 가지 방법으로 책을 읽힌다. 많은 제도가 시행되었다 사라졌지만 나는 한 달에 두 권씩 시간을 정해 놓고 책을 읽는 방식이 가장 좋았다. 우선 본인이 독서를 희망하는 요일을 정한다. 그리고 해당 요일에 회의실에 모여 책을 읽는다. 독서 시간은 5시 30분부터 6시 30분까지 매주 한 시간씩으로 정한다. 회사는 퇴근시간보다 30분 일찍 일을 마치게 해주고, 직원은 자신의 30분을 할애하여 책을 읽는다. 한 달에 두 권이니 2주일에 한 권 꼴로 읽는데, 읽은 책은 요일별 조장이 관리하는 '독서 장부'에 적는다. 독서 장부에는 명단이 기록되어 있으며 출석 여부도 체크한다. 어떤 책을 읽을지는 자율적으로 정하는데, 문학 1권과 비문학 1권을 읽어야 한다. 월말에는 2편의 독후감을 회사에 제출한다.

한우리열린교육에 입사해 내가 처음 읽은 책은 고등학교 친구인 승모가 방학 때 읽었다던 『카라마조프가의 형제들』이었다. 그 이후로 독서량이 늘어 한 달에 거의 5권에서 10권씩은 읽게 되었다. 꾸준히 시간을 정해 놓고 읽은 덕분에 독서습관을 기를 수 있었다. 물론 책을 억지로 읽게 한다고 볼멘소리를 하는 직원들도 있었다. 하지만 책과 친해지도록 하기 위해 회사가 배려해 주었음은 부인할 수 없다.

회사에서 독서 활동을 하면서 어떤 책을 읽을지 선정하는 것은 온전히 자신이 결정했다. 만약 책을 잘 고르지 못하면 한 시간을 무의미하게 보내고, 잘 고르면 한 시간을 의미 있게 보낼 수 있다. 그러다 보니 내가 읽을 책을 고르는 데 신중을 기하려 했다. 벤 카슨처럼 사내 자료실에서 사서 직원의 도움을 많이 받았다. 매달 책을 읽어야 했으니 서점에 가는 빈도도 높아졌고, 우수독후감 시상도 했기 때문에 열심히 작성했다. 비문학의 비중이 높았던 편독습관도 문학을 함께 읽으면서 고칠 수 있었다.

언젠가는 회사에서 진 웹스터(Jean Webster)의 『키다리 아저씨』를 한 시간 읽고 퇴근 후 미용실에 갔다. 나는 머리를 자르면서도 책의 내용에 완전히 몰입하게 되었다. 머리를 자르는 내내 책을 손에서 떼지 못하다가 뒤늦게 너무 짧게 깎인 것을 알았다. 책이 길지 않았기에 망정이지 자칫하면 군인 머리가 될 뻔했다. 이때부터 책이 손에서 떨어지지 않는 경험은 계속되었다. 비로소 독서에 빠져들게 된 것이다.

물론 개중에는 1시간의 독서시간 내내 수다를 떠는 직원도 있고, 스마트폰만 보는 직원도 있으며, 엎드려서 잠을 자는 직원도 있었다. 요일을 맡아 책임지는 조장이 엄격하면 좀 덜했지만 관대한 사람이 조장을 맡는 날에는 그 정도가 심했다. 사내 독서 활동은 토론이 가미되고 외부 강사가 투입되는 등 다양한 방식이 시도되었고 여러 형태로 진화되었는데, 여전히 독서를 즐기지 못하는 직원들이 있다. 결국 주어진 시간을 알차게 보낼지 불평만 하면서 보낼지는 스스로에게 달려 있다.

4

책상에서만 읽으라는 법이 있나?

극한 상황에 이르면 변하고, 변하면 통하는 길이 생기고,
통하면 오래 지속할 수 있다.
(窮則變, 變則通, 通則久).
—『주역』 중에서

나한테 편안한 곳이 독서명당이다

독일의 철학자 마르틴 하이데거(Martin Heidegger)는 태어난
곳에서 멀지 않은 '검은 숲(Black Forest)'의 작은 오두막에서 평
생 동안 지낸 것으로 유명하다. 『존재와 시간(Sein und Zeit)』을
비롯한 그의 주요 저서들은 가족들과 함께 지낸 검은 숲의 작
은 오두막에서 쓴 것이다. 하이데거는 "산꼭대기에서 산꼭대기
로 말하기"라는 표현을 종종 사용했는데, 이는 "세상과 동떨어
져 고향의 언덕과 산봉우리 사이에 살면서 철학하는 어려움"
을 뜻한다. 이처럼 난해하기로 유명한 문장들은 그가 산책하던

오두막 주변의 복잡하고 혼란스러운 산길에서 유래했다. 그의 대표적인 저서인 『숲길(Holzwege)』의 제목은 한 장소에서 다른 장소까지 일직선으로 이동하는 것을 몹시 어렵게 만드는 숲속의 복잡한 길을 의미한다. 이처럼 고상한 태도와 전형적인 복장을 거부하고 주변 환경에 맞는 투박한 차림과 화법을 유지하기도 했던 하이데거의 글은 그가 살던 장소를 이해해야 비로소 알 수 있다.

이렇듯 장소는 사람에게 영향을 미치는데, 독서는 어디서 하는 것이 좋을까? 송나라의 대학자 구양수는 글을 읽기 좋은 곳으로 세 군데를 들었다. 침대 위, 말의 안장, 화장실이 그것이다. 책을 읽고자 하는 마음만 간절하다면 장소가 무슨 문제가 될 것이냐는 말이다. 청나라의 유명한 학자인 고천리는 한여름에 발가벗고 철학책을 읽는 습관이 있었다. 나 역시 편안한 분위기에서 커피 한잔을 즐길 수 있으면 어디든 좋다.

미국의 사회학자 레이 올덴버그(Ray Oldenburg)는 『참 멋진 공간(The Great Good Place)』이라는 책에서 이러한 자기만의 공간을 '제3의 공간(The Third Space)'이라고 정의하였다. 제3의 공간이란 제1의 공간인 가정과 제2의 공간인 직장에서 벗어난 현대인의 아지트를 말한다. 미국 하버드대학의 조지 베일런트(George Eman Vaillant) 교수 역시 가정이나 직장에서 반복되는 생활로 지치거나 무기력해지기 쉬운 현대인들에게 제3의 공간은 반드시 필요하다고 주장하였다. 현대인들에게 대표적인 제3의 공간은 어디일까? 아무래도 카페를 빼놓을 수 없을 것이다. 요즘은 수험생을 위한 독서실도 카페형의 프리미엄 독서실이 대세고, 대학생이나 일반 성인들을 위한 스터디 카페나 독서실 카페도 많다.

내 경우에는 작업실 카페라는 곳에 자주 간다. 일반 주택을 개조해 공간 분할이 잘되어 있다. 그러다 보니 여러 개의 코너 자리 중에서 아늑한 공간을 골라 앉을 수 있다. 향긋한 아메리카노와 부드러운 재즈가 책 읽기에는 그만이다. 교보문고나 영풍문고는 물론 알라딘 중고서점 등의 대형서점에도 카페 공간은 필수다. 최근에는 동네마다 북카페 형태의 작은 책방들도 많다. 이런 작은 책방에서는 독서모임도 하고 좋은 책도 판매해서 종종 들른다. 책방 주인이 책이나 작가에 대한 지식까지 해박하다면 금상첨화다.

이처럼 집 근처 카페에서 커피를 마시며 고요하게 삶을 즐기는 행위를 '오캄(OKLM) 라이프'라고 부른다. '오캄'은 프랑스어 'au calme'에서 유래된 말이다. 오캄은 고요한, 한적한, 조용한 등의 뜻을 가진 형용사다. 현실에서 벗어나 느긋하게 보내고 싶어 하는 사람이 점차 많아지면서 이러한 삶의 트렌드가 만들어진 것이다. 회사에서 하루 종일 매출, 영업, 홍보 등 업무와 관련된 이야기만 하고, 가정에서 생활비와 세금, 아이의 진로 등에 대해 생각하다가 한적한 카페에서 도스토예프스키, 제인 오스틴 등의 책에 대해 이야기 나누면 일상은 한껏 풍성해진다.

그런데 직장인들이 출퇴근할 때 이용하는 지하철도 독서하기에 좋은 곳이다. 지하철은 적당한 소음을 일으키는데, 오히려 책을 읽는 데 몰입할 수 있도록 한다. 언젠가 회사에서 한 시간씩 하는 자율 독서 시간에 황석영의 『개밥바라기 별』을 읽었다. 『개밥바라기 별』에 빠져들어서 한 시간 동안 100페이지가량 읽었다.

그리고 퇴근길 지하철에서 읽던 부분을 마저 펼쳐들었다. 열아홉 살에 문단에 등단한 문학소년 황석영의 풋풋한 학창시절 이야기가 어쩌면 내 고등학생 시절과 그리 닮았는지……. 특히 소설의 주인공 준이는 내 학창시절의 김정빈이라는 친구와 너무나 닮았다. 책을 읽는 동안 퇴근길 지하철에서 그 시절의 추억들을 소환했다. 아마 내 생애 처음으로 가장 행복한 퇴근길이 아니었나 싶다. 그래서 며칠 후에 책 한 권을 사서 정빈이에게 보내주었다. 그날 이후 지하철은 나의 개인 독서실이 되었다.

이와는 달리 만원버스로 출퇴근하는 경우에는 책을 읽기 어렵다는 사람이 많다. 맞는 말이다. 그러나 분당이나 일산 같은 신도시에서 광역버스로 출퇴근하는 경우라면 소설류는 어렵지 않게 읽을 수 있다. 출근하는 길에 무슨 책을 읽을까 고민하다가 마침 아내의 책장에 꽂혀 있던 신경숙의 『엄마를 부탁해』를 무심코 들고 나온 적이 있다. 지금은 해외에도 번역되어 출간되었지만 당시만 해도 신간이었다. 책을 읽을수록 점점 빠져들어서 책을 읽기 시작한 출근길에 절반 가까이나 읽었다. 사무실에 도착할 시간이 다 되었는데도 책에서 눈이 떨어지지 않았다. 그래서 퇴근길 버스 안에서 다시 책을 읽었다.

그런데 말이다. 아, 어찌나 눈물이 나던지. 다행히 버스는 경부고속도로에 진입해 실내등이 꺼져 있었다. 서 있는 승객이 적지 않았지만 독서등만 켜고 있으면 우는지 웃는지 구분하기가 어려울 듯싶었다. 그리고 집에 도착해 아내에게 따지듯 물었다.

"여보! 이 책이 이렇게 슬프다면 얘기를 좀 해주지. 괜히 밖에서 읽었잖아."

"아이, 제목 보면 몰라요? 딱 봐도 슬프게 생겼잖아요."

만약 집에서 읽었다면 맘 놓고 우느라 끝까지 읽기 어려웠을 것이다.

포노 사피엔스라면 전자책도 괜찮아

생물학에서 현생인류를 '호모 사피엔스(Homo sapiens)'라고 부른다. 이 말은 '슬기로운 사람'이라는 뜻이다. 그런데 현대인들은 하루 종일 스마트폰만 들여다보고 살아서 '포노 사피엔스(Phono sapiens)'라는 말이 생기게 되었다. 스마트폰 보급률이 높아지면서 신문이나 책을 읽는 사람이 많이 줄어든 것은 사실이다. 스마트폰은 인터넷을 활용할 수 있기 때문에 장점이 많다. 입사면접 시험을 봐야 한다면 면접관의 갑작스런 질문에 대비하기 위해 그날의 신문 헤드라인 정도는 머릿속에 담아둘 필요가 있다. 회식을 앞둔 막내사원이라면 맛집 몇 곳 정도는 미리 파악해 두어야 상사의 사랑을 받을 수 있다.

얼마 전에 거래처 사장님과 식사를 한 적이 있었다. 회사 근처에서 만나기로 했다. 내가 근무하는 지역에서 만나는 것인 만큼 기왕이면 좋은 곳으로 안내하고 싶었다. 무엇이 맛있는지, 어떤 위치가 좋은 자리인지, 꼼꼼하게 챙겨서 예약을 하는데 전혀 어렵지 않았다. 파워 블로거들 덕분이었다. 이처럼 단순한 정보를 얻어내는 창구의 역할은 스마트폰이 대신할 수는 있다. 하지만 독서를 대신하기는 어려워 보인다. 신문은 주기가 하루 단위로 짧은 편이지만 책은 대체로 주기가 긴 편이다. 또 스마트폰은 단편적인 정보를 얻는 데 유리하기는 하지만 깊이 있는 정보를 얻기 위해서는 책만 한 것이 없다.

정보를 얻는다는 점에서 스마트폰과 신문은 닮은 점이 있다. 조류독감으로 계란 값이 얼마나 올랐는지, 대통령이 어디를 순방했는지 등의 정보는 스마트폰과 신문으로 실시간으로 알 수 있지만 깊이 있는 정보를 기대하기는 힘들다. 책을 읽을 때는 보다 깊이 있는 정보를 얻을 수 있다. 300페이지 내외의 긴 분량으로 되어 있는 책은 하나의 주제에 관해 여러 의견을 보이고, 책의 후반부에는 저자가 나름의 결론도 제시한다. 책을 읽으면서 우리는 저자와 함께 생각을 나눌 수도 있다. 단편적인 정보를 그대로 받아들이는 것이 아니라 능동적으로 사유할 수 있는 것이다.

영상매체라는 점을 고려하면 스마트폰은 텔레비전과도 닮았다. 스마트폰과 텔레비전은 화면을 보는 사람에게 일방적으로 영상을 전달한다. 요새는 텔레비전보다 스마트폰을 더 많이 보게 되었는데, 작은 화면으로 드라마 등을 시청하는 것이 오히려 재미있다는 사람이 많아졌다.

얼마 전 모 언론사에서 진행한 '거실을 서재로'라는 캠페인이 유행하자 실제로 텔레비전을 없앤 학부모님이 있었다. 그런데 텔레비전을 없앤 지 일주일 정도 지나자 아이들이 아니라 정작 본인이 불편했다. 참다못한 이 학부모님은 몰래 안방에서 스마트폰으로 드라마를 보았다. 하지만 아뿔싸, 딸아이한테 걸린 것이다. 그 이후로 다시 텔레비전을 들여놓았다. 그 학부모님의 이야기를 들으면서 영상매체가 얼마나 우리를 강력하게 지배하는지 실감할 수 있었다.

하지만 책에는 영상매체와는 다른 장점이 많다. 무엇보다 책을 읽을 때는 템포를 스스로 조절할 수 있다. 목차를 보다가 원하는 페이지로 이동할 수 있다. 책을 읽다가 감동을 느끼면 잠시 책을 덮고 여운을 느낄 수도 있다. 언젠가 박경리의 소설 『토지』 9권 초반부를 읽을 때였다. 조병수가 계절의 아름다움에 관해 읊조리는 문장을 두세 번 읽다가 소리 내어 다시 한 번 읽었다. 그것도 부족해서 한 페이지 전체를 필사했다.

커뮤니케이션 이론에는 송신자와 수신자가 등장한다. 송신자는 메시지를 전달하는 객체(미디어)를 말하고, 수신자는 메시지를 전달받는 객체(시청자)를 말한다. 미디어는 능동적으로 송신하는 존재이고, 시청자는 수동적으로 수신하는 존재다. 책을 읽을 때는 양쪽의 입장이 뒤바뀌어 수신자(독자)의 자유재량이 더 많아진다. 똑같은 책을 읽더라도 독자에 따라 받아들이는 것이 달라진다. 시청자 교육은 필요 없지만 독서 교육이 필요한 것도 이 때문이다.

그런데 스마트폰이 우리 일상에 깊숙이 침투하면서 스마트폰과 태블릿 PC로 전자책을 읽는 사람이 늘고 있다. 한동안 논쟁이 일었지만 요즘에는 종이책으로 읽는 것이 진짜 독서라고 주장하는 사람이 많이 줄어들었다.

얼마 전에 유럽여행을 준비할 때의 일이다. 일정 중에 파리여행도 있었다. 마침 영화 '레 미제라블'이 개봉할 때라서 유럽의 대문호 빅토르 위고(Victor Hugo)의 책을 챙겨야겠다고 마음먹었다. 그의 생가에 들러 작가와 작품의 흔적을 느끼고 싶었기 때문이다. 빅토르 위고의 『레 미제라블』완역본 다섯 권을 여행가방에 담았다. 하지만 이런저런 물품을 챙기다 보니 공간이 약간 부족했다. 무엇을 뺄까 고민했는데 아내의 눈에 『레 미제라블』이 걸렸다.

"짐을 하나라도 줄여야 할 판에 이 많은 책을 가져가다니, 당신 제정신이에요? 가져가려면 1권만 가져가요!"

한 권만 담자니 아쉬웠다. 그렇다고 여행지에서 다섯 권을 모두 읽어볼 수는 없을 것 같아서 애매했다. 함께 가는 여행에서 책이 다른 물품보다 우선순위에서 밀린다는 아내의 하소연도 설득력이 있었다. 결국 아이패드를 하나 장만하는 것으로 결론내렸다. 덕분에 『레 미제라블』다섯 권을 모두 들고 유럽으로 향할 수 있었다.

어디 그뿐인가. 문학만 읽으면 너무 지루할까 싶어서 예전에 읽었던 『세계사를 움직인 100대 사건』의 전자책도 담았다. 문장이 달달해서 읽는 맛이 좋은 찰스 디킨스(Charles Dickens)의 『위대한 유산』도 챙겼다. 2권을 사면 1권은 무료로 준다고 해서 쥘 베른(Jules Verne)의 『해저 2만 리』도 구매했다. 얇은 아이패드 하나에 이 모든 책이 전부 들어간다는 건 정말 기적과도 같은 일이다. 아내는 아내대로 짐이 적다고 좋아하고, 나는 읽고 싶던 책을 마음대로 집어넣을 수 있어서 편했다. 실제로 비행기에 타보니 밤 시간에 조명을 꺼도 아이패드의 글씨가 또렷해 주변사람을 방해하지 않고 읽기에 좋았다.

요즘은 스마트폰의 화면이 커지는 추세라 굳이 아이패드나 갤럭시 탭을 사용하지 않더라도 전자책을 읽을 수 있다. 딸아이가 발레를 배우는 시간에는 문화센터 문 앞 의자에 앉아서 알랭 드 보통(Alain de Botton)의 『불안』을 읽는다. 아들이 집 앞 운동장에서 친구들끼리 축구하는 틈을 타서 리처드 탈러(Richard H. Thaler)의 『넛지』를 읽는다.

그렇다면 앞으로 종이책이 사라질까? 그렇지는 않을 것이다. 불가피하게 부피를 줄여야 하는 상황이 아니라면 종이책은 여전히 장점이 많다. 책상에 앉아서 아이패드로 책을 읽는 것은 아무도 없는 집에 혼자 앉아서 정장을 입은 채 맥주를 마시는 것만큼이나 불편한 일이다. 수백 페이지의 책장을 어느 페이지건 마음대로 펼치면서 펜으로 낙서할 수 있는 자유를 누려야 하는데, 아이패드로는 앞뒤 페이지로만 이동할 수밖에 없으니 아무래도 불편하다. 또 책장을 넘길 때의 종이책 특유의 질감을 대신할 수는 없다. 종이책 특유의 향기와 책마다 고유한 북디자인도 종이책만의 장점이다. 전자책을 읽는 사람이 분명 늘어나기는 하겠지만 종이책이 사라지지는 않을 것이다.

5

아무 때든 내게 맞는 시간이 괜찮아

낭비된 인생이란 없네.
우리가 낭비하는 시간이란 외롭다고 생각하며 보내는 시간뿐이지.
—미치 엘봄의 『천국에서 만난 다섯 사람』 중에서

시간이 없다고? 비겁한 변명입니다!

자녀교육 때문에 텔레비전을 안 보는 집이 많아졌다고는 해
도 대부분의 가정에서는 거실에 옹기종기 모여 드라마나 쇼 프
로그램을 시청한다. 베르나르 베르베르(Bernard Werber)의 소설
『나무』에서는 우주인이 지구인의 습성을 관찰하는 과정을 다음
과 같이 묘사했다.

"지구에 사는 인간에게는 별난 관습이 많다. 그들은 저녁마다
파르스름한 빛을 내는 상자에 불을 켜고 꼼짝 않고 앉아서 그
상자를 뚫어져라 바라보며 몇 시간을 보낸다. 이 기이한 행동에

대해 현재 우리 연구자들이 연구를 진행하고 있다. 인간은 불나 방처럼 그 상자의 불빛에 몰리는 것이 아닌가 싶다."

텔레비전을 보다 보면 가족끼리 대화를 나눌 겨를이 없다. 누가 물어보기라도 하면 방해된다고 타박하기 일쑤다. 지상파와 공중파, 케이블에 이르기까지 방송 채널은 배스킨라빈스의 아이스크림 종류보다 많아졌다. 이처럼 볼거리가 많으니 우리는 여전히 텔레비전을 많이 볼 수밖에 없다. 『나무』에는 또 이런 장면도 나온다.

"인간의 수컷과 암컷은 짝짓기 상대를 쉽게 만날 수 있도록 특별히 고안된 장소에서 서로 만난다. '나이트클럽'이라 불리는 이 장소는 한결같이 어둡고 시끄럽다. 너무나 어두워서 수컷은 암컷의 외모를 똑똑히 볼 수가 없고, 너무나 시끄러워서 암컷은 수컷의 말을 분명히 알아들을 수 없다. 암컷은 그저 수컷의 지갑을 더듬을 뿐이다. 모이주머니에 해당하는 이 지갑은 수컷에 따라서 불룩하기도 하고 홀쭉하기도 하다."

불금이라는 용어는 이제 일반화되었다. 스트레스가 많은 현대인들은 퇴근 이후에 더 바쁘다. 그러다 보니 항상 시간이 부족하다. 스마트폰이 막 보급되기 시작할 때쯤의 일이다. 친구들과 약속한 술자리에 30분 정도 일찍 도착한 적이 있었다. 딱히 할 것도 없고 해서 늘 그랬듯이 가방에 넣고 다니던 책을 한 권

꺼내어 읽었다. 존 스타인벡(John Steinbeck)의 『에덴의 동쪽』이었다. 얼마쯤 지나자 친구 한 명이 먼저 도착했다. 책을 읽는 내 모습을 보더니 대뜸 이렇게 소리를 지르는 것이었다.

"아직도 스마트폰이 없어서 책을 읽다니!"

텔레비전, 유흥업소, 스마트폰에 밀려 우리는 점차 생각하지 않게 되었다. 여유시간에 책을 손에 쥐는 것은 여간 어려운 일이 아니지만 책을 읽으면 스스로 생각할 수 있다. 그러니 책을 읽겠다고 마음을 먹었다면 독서를 위한 시간을 정해 놓는 것이 좋다. 도저히 시간을 내기가 힘들다고? 그것은 비겁한 변명에 불과하다. 하루에 30분 정도는 시간을 낼 수 있지 않을까? 오전도 좋고 오후도 좋지만 잠자리에 들기 전 30분이나 업무 시작 전 30분처럼 고정된 일과에 연결시키면 아무래도 지키기가 수월하다. 오전에 읽으면 좋은 책과 저녁에 읽으면 좋은 책이 따로 있지는 않겠지만 초보자라면 구분을 해두고 읽는 것도 좋다. 목적을 두고 읽는 책이라면 머리가 맑은 아침시간이 가장 좋다. 더욱이 그날 읽은 책에서 모티브를 얻게 된다면 업무성과로 이어질 수도 있다.

그러나 독서에 취미를 좀 붙여야겠다고 생각하는 사람이라면 잠들기 전에 읽는 것을 추천한다. 그렇게 하는 것이 독서습관을 형성하는 데 도움이 된다. 장르가 문학작품이나 가벼운 역사서라면 더 좋다. 남들이 사는 모습을 간접적으로나마 들여다보면 힘들었던 하루지만 사는 게 별게 아니구나 하는 교훈을 얻을 수 있다. 사회생활과 인간관계의 온갖 상처와 잡념이 책을 통해 씻겨나가는 경험을 하면 마법처럼 책이 좋아지기도 한다. 책의 힘이란 바로 이런 것이다.

출퇴근 시간을 활용하는 것도 효과적이다. 내 경우에는 하루 평균 3시간 정도 출퇴근 시간이 소요된다. 주5일 근무를 기준으로 한 달에 대략 60시간, 1년이면 30일, 즉 1년 열두 달 중에 대략 한 달 정도를 지하철에서 지낸다. 상당히 많은 시간을 지하철에서 보내는 셈이다. 만원 지하철에서 보내야만 하는 시간이 1년에 한 달이나 되는데, 어떻게 하면 이 시간을 제대로 활용할 수 있을까? 이 시간에 스마트폰으로 게임이나 영화 등을 볼 수도 있고, 빈자리가 생기면 부족한 잠을 보충할 수도 있을 것이다. 하지만 이 시간이 생산적인 시간이 되기 위해서는 독서가 필요하다.

적절한 진동과 주위의 자잘한 소음 탓인지 지하철 안에서는 묘하게 집중이 잘된다. 나처럼 오랜 시간을 출퇴근하는 데 보내지 않더라도 하루 30분이든 1시간이든 지하철을 나만의 독서실로 만들어보자.

무의미한 시간을 의미 있게 만들기 위해

아내가 첫째 아이를 낳고 산후조리원에 들어가 있을 때의 일이다. 아내는 고생하는데 혼자 저녁에 약속잡기가 미안했다. 아내가 산후조리원에 있는 동안만큼은 일찍 귀가하기로 마음먹었다. 혼자 우두커니 앉아 텔레비전을 보고 있는 것도 시시했다. 저녁에 무엇을 하면서 보낼까 고민하다가 예전에 직장 동료가 1권을 선물해 주어서 읽어보았던 시오노 나나미의 『로마인 이야기』를 마저 읽기로 했다. 정치인이나 경영자들을 위한 추천도서로 유명한 책이지만 내 경우는 조금 달랐다. 나는 처음 아빠가 된다는 기대감에 부풀어 있었다. 아버지와 아들의 순환이 끊임없는 반복되는 이야기를 통해 바람직한 아버지의 모습을 배울 수 있지 않을까 싶었던 것이다.

로마는 1천 년 동안 위대한 제국을 건설했다. 그것은 한 개인의 뛰어난 업적 때문이 아니라 시스템 때문이다. 한 가지 목적을 완벽하게 수행할 수 있도록 만들어진 시스템은 다른 목적에도 적용할 수 있다. 이것이 바로 『로마인 이야기』를 관통하는 하나의 주제다. 이 시스템에서는 율리우스 카이사르 같은 훌륭한 왕이 있는 반면에 칼리굴라나 네로 같은 폭군도 등장한다. 카이사르가 자수성가한 인물이라면 칼리굴라는 이른바 조기교육을 받은 인물이다.

그는 아버지를 따라 어릴 때부터 전쟁터에서 성장했다. 전쟁 중에 아버지를 잃었다는 동정심까지 받은 덕에 모두의 환영을 받으며 25세의 나이에 황제가 된다. 군중들은 제단을 만들어 제물을 바치고 횃불을 밝혔으며 칼리굴라를 열렬히 환영했다. 원로원과 수많은 군중들은 만장일치로 즉시 그에게 절대 권력을 부여했다.

그러나 왕이 된 지 4년 만에 측근의 배신으로 죽임을 당하게 된다. 이런 왕들의 운명을 보면서 바람직한 아버지의 모습에 대해 고민해 볼 수 있었다. 새롭게 만나는 인물과 이야기들 속에서 나의 모습과 위치를 찾을 수 있었던 것이다. 그 이후로 무미건조한 일상에서 책이 주는 놀라운 마법을 깨닫게 되었다.

책은 사회생활을 하는 데도 도움이 된다. 몇 년간 건강상의 이유로 술을 못 마신 적이 있었다. 정신은 멀쩡한데 술을 못 마시니 답답할 노릇이었다. 이때 읽은 책이 야마오카 소하치의 『대망』이다. 장편소설의 장점은 일일드라마를 보듯이 여러 날 동안 꾸준히 읽을 수 있다는 것이다. 또 장편소설에는 다양한 인간 군상이 등장하므로 우리가 일상에서 만날 만한 인물과 다양한 사건과 접할 수 있고, 복잡한 인간관계나 사건의 실마리도 찾을 수 있다. 당시에 말썽을 피우던 직원이 하나 있었는데 그 친구가 회사에서 사고를 치면 하루 종일 분위기가 냉랭했다. 그런데『대망』을 읽으며 나는 좋은 지혜를 구할 수 있었다. 사는 게 만만치 않아서 자괴감이 드는 사람에게 주인공 도쿠가와 이에야스가 이야기한다.

"참아내거라. 인내만큼 사람을 강하게 만드는 것은 없다."

건강이 회복된 후에도 술 대신 책을 들었다.『황제를 위하여』,『위대한 유산』,『인간의 굴레에서』,『두 도시 이야기』,『세일즈맨의 죽음』,『카라마조프가의 형제들』,『죄와 벌』,『주홍글씨』,『그리스인 조르바』,『눈먼 자들의 도시』등 많은 문학작품이 인생에 도움을 주었다. 문학동네 출판사는 '세계문학전집'의 발간사에서 문학작품의 위대함을 밝히고 있다.

"인류가 무지와 몽매의 어둠 속을 방황하면서도 끝내 길을 잃지 않은 것은 세계문학사의 하늘에 떠 있는 빛나는 별들이 길잡이가 되어주었기 때문이다. 우리가 자부심과 사명감 속에서 그리게 될 이 새로운 별자리가 독자들의 관심과 애정에 힘입어 우리 모두의 뿌듯한 자산이 되기를 소망한다."

문학작품만 그런 것은 아니다. 법륜 스님의『행복』이나『소크라테스의 변명』, 기시미 이치로의『미움 받을 용기』같은 책도 우리에게 깊은 울림을 준다.

일상생활에서 책 읽을 시간은 의외로 많다

시간은 누구에게나 똑같이 주어진다. 그런데 누구는 1년에 100권의 책을 읽고 누구는 한 권도 안 읽는다. 시간은 관리하기 나름이라는 반증이다. 요즘은 해야 할 일의 우선순위를 스마트폰의 메모장이나 To-Do 리스트 앱에 나열하여 관리하는 경우가 일반적이다. 일의 중요성과 긴급한 정도를 판단해 업무의 우선순위를 정하는 습관이 필요하다. 스티븐 코비(Stephen Covey) 박사가 소개한 '시간관리 매트릭스'에 해당 업무들을 나열해 보면 우선순위를 매기기 쉬워진다. 예를 들면 다음과 같다.

중요한 일과 긴급한 일이 있다면 중요한 일을 우선적으로 해야 한다. 긴급한 일에 치중했던 사람이라면 제1상한 영역의 활동이 끝나고 제3상한 영역으로 넘어가기 쉬운데, 제2상한 영역을 간과하지 않도록 주의해야 한다. 일에 쫓기는 상황이 반복될 수 있기 때문이다. 이처럼 시간관리 매트릭스에 자신의 평소 활동을 정리하다 보면 그동안 자신을 지배해 온 습성을 발견하게 된다. 자신의 습성을 파악하고 고쳐나갈 수 있으므로, 시간을 효율적으로 관리할 수 있다.

그런데 독서는 중요하기는 하지만 긴급하게 해야 할 일은 아니다. 독서 시간을 확보하기 위해서는 시간관리 매트릭스의 제

시간관리 매트릭스

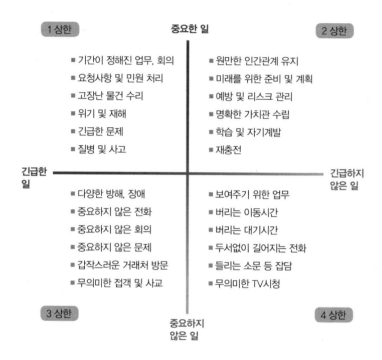

4상한 영역에서 불필요한 일을 줄일 필요가 있다.

자신이 하루를 어떻게 보내는지 잘 살펴보면 아무것도 하지 않고 그냥 흘려보내는 시간들이 있을 것이다. 무엇인가를 하기에는 애매하지만 무엇이라도 할 수 있는 시간이 분명히 있다. 이런 시간에 책을 읽으면 자신을 발전시킬 수 있다. 그러기 위해서는 우선 책을 항상 가지고 다녀야 한다. 학교에서든 직장에서든 가정에서든 누군가를 기다리는 카페에서든 공원 같은 야외에서든 잠깐이라도 시간이 남게 되는 경우가 생길 수도 있다. 그럴 때 책이 없다면 스마트폰 게임이나 하게 될 것이다.

다행히 내 가방 속에는 항상 책이 있다. 만약 가방에 존 스타인벡의 소설 한 권이 있다면 상대방이 약속시간에 늦더라도 즐거운 마음으로 책을 읽으며 기다릴 수 있다. 헨리 포드는 "할 수 있다고 생각하면 할 수 있고, 할 수 없다고 생각하면 할 수 없을 것이다"라고 말했다. 상황을 개선시킬 방법을 계속 찾는다면 마침내 좋은 해결책을 발견할 가능성이 높다. 반면에 방법이 없을 것이라 지레짐작하고 포기한다면 절대 찾지 못할 것이다. 다시 말하지만 책 읽을 시간이 없다는 말은 변명에 불과하다. 잘만 찾아보면 책 읽을 시간은 분명히 숨어 있다.

📖
│
│
│
│

미성숙한 인간의 특징은 어떤 이유를 위해 고귀하게 죽기를
바라는 경향이 있다는 것이다. 반면 성숙한 인간의 특징은
동일한 상황에서도 묵묵히 살아가기를 원한다는 것이다.

-제롬 데이비드 샐린저의 「호밀밭의 파수꾼」 중에서

제3부

2W
나에게
필요한 책은
따로 있다

6

묻지 마 독서는 이제 그만

주도적인 노력에 의해 스스로의 인생을 고결하게 하는
인간의 불가사의한 능력보다
더욱 고무적인 것은 없다.

–헨리 데이비스 소로의 「월든」 중에서

목적이 있는 독서보다
목적에 맞는 독서를 해야 한다

책을 읽지 않고도 사는 데 전혀 지장이 없다는 사람들이 적지 않다. 그런 이들에게 왜 책을 읽어야 하는지를 물어본다면 고리타분하게 느껴질 수 있다. 한국출판연구소가 2년마다 실시하는 독서실태조사에 따르면 1년간 1권 이상의 일반도서(교과서·참고서·수험서·잡지·만화를 제외한 종이책)를 읽은 사람들의 비율은 성인 65.3%, 학생 94.9%이다. 이는 2년 전에 비해 성인은 6.1%, 학생은 1.1%가 감소한 것이다. 그런데 성인의 연평균 독서량

(9.1권)과 하루 독서 시간(평일 22.8분, 주말 25.3분)은 2년 전에 비해 크게 감소하지는 않았다. 전체 평균 독서량은 2년 전과 거의 비슷하지만, 독서를 즐기는 사람들의 평균 독서량은 12.9권에서 14.0권으로 오히려 증가했다. 이러한 결과가 나타난 것은 독서를 하는 전체 인구는 감소한 반면에 책을 읽는 사람은 더 많은 책을 읽었기 때문이다. 읽는 사람은 더 읽고 안 읽는 사람은 더 안 읽는 독서양극화 현상이 두드러지고 있는 셈이다.

영화나 드라마와 달리 책에 부담을 느끼는 사람이 많다. 그렇다면 책을 읽지 않아도 되는 것일까? 드라마를 감상하는 법을 다루는 책이 존재하지는 않지만 독서의 기술에 관한 책은 많이 있다. 드라마 시청과 달리 책 읽기가 어렵기는 하지만 많은 사람들이 독서가 중요하다고 생각한다. 사이토 다카시 교수는 "자신을 만드는 최고의 방법이기 때문에 책은 반드시 읽어야 한다"고 주장한다. 인생을 살아가는 데 있어 자신의 가치관을 형성하고 세계관을 만들어가는 과정이 필요한데, 이 과정에서 독서가 중요하다.

그런데 책을 많이 읽어도 인생이 바뀌지 않는다고 하소연하는 사람들이 있다. 그 이유는 독서의 목적을 혼동하기 때문이다. 우리에게는 목적이 '있는' 책 읽기보다 목적에 '맞는' 책 읽기가 필요하다. 다치바나 다카시는 독서의 성격을 목적으로서의 독서와 수단으로서의 독서로 나눈 바 있다. 목적으로서의 독서는 독서 자체가 목적인 문학이나 에세이를 읽는 것을 말한다. 수단으로서의 독서는 지식을 쌓기 위해 읽는 사회, 과학 등의 비문학 서적을 읽는 것을 말한다.

책 쓰기가 직업인 다카시와 달리 독자의 한 사람인 내 경우에는 독서의 성격을 목적에 따라 크게 세 가지로 나눈다. 첫 번째는 공감과 감동을 위한 힐링의 독서, 두 번째는 습관이나 행동을 바꾸기 위한 교정의 독서, 세 번째는 정보 습득을 위한 지식의 독서이다. 이외에도 다른 여러 가지 목적이 있을 수 있겠지만 우리의 독서는 대개 이 세 가지 범주 안에 포함시킬 수 있다.

만약 공감과 감동을 추구하는 사람이라면 일상의 고뇌와 정신적인 고통을 해소하는 데 책의 도움을 받을 수 있다. 책 속에는 지은이의 경험과 감정이 고스란히 녹아 있기 때문이다. 흔들리는 인생의 좌표를 바로잡는 데 독서가 충분히 유용할 것이다.

반면에 습관이나 행동을 바꾸기 위해 교정의 독서를 했는데도 별다른 소득이 없는 경우가 있다. 이러한 문제가 생기는 이유는 여러 권의 책을 읽기는 했지만 깊이 있게 읽지 않았기 때문이다. 습관이나 행동 등을 변화시키는 데 도움이 되는 자기계발서는 한 달에 수백 종 이상 쏟아져 나온다. 하지만 많은 책들을 모두 읽는 대신 한 권의 책이라도 심도 있게 읽는 것이 중요하다. 책 속의 내용을 곰곰이 살피고 스스로 실천할 수 있는 방법을 깨달아야 비로소 변화를 이끌어낼 수 있다.

『죽음의 수용소』의 저자 빅터 프랭클(Victor Frankl) 박사는 극한의 고난을 딛고 자신의 세계를 만들어낸 사람이다. 빅터 프랭클은 제2차 세계대전 당시에 수용소에 수감되어 극한의 고통과 공포를 겪었던 오스트리아 출신의 유대인 정신의학자다. 그는 유대인 수용소 중에서도 가장 악명이 높았던 아우슈비츠 수용소에서 하루하루 죽음의 공포를 느껴야 했다. 하루에도 수많은 사람들이 죽었지만 자신은 끝까지 이곳에서 살아남겠다고 결심한다.

그는 살아남기 위해 건강해 보이도록 노력했다. 길바닥에서 깨진 유리조각 하나를 주워 매일같이 면도를 했다. 깨끗하게 면도를 한 그의 얼굴은 절망에 빠진 다른 수감자들보다 건강하고 활기차 보였다. 수용소의 간수들은 가스실에 보낼 사람을 고를 때 곧 죽을 것 같은 얼굴을 하고 있는 다른 수감자들을 보냈다. 그가 깨달은 것은 "자극과 반응 사이에는 선택할 수 있는 자유가 있다"는 것이다. 선택할 수 있는 자유에는 인간만이 갖고 있는 자아의식과 상상력이 있다. 이 자유를 깨닫는 순간 수용소의 모든 고통을 이겨낼 수 있었다. 수용소에서 겪었던 끔찍한 현실 속에서도 '이 현실 또한 나름대로의 의미가 있을 것'이라고 생각하며 견뎌냈다.

　빅터 프랭클 박사의 이야기에서 우리는 '자극과 반응 사이의 선택할 수 있는 자유'라는 중요한 단서를 얻을 수 있다. 영상매체와 구별되는 독서의 가장 큰 특징은 자극과 반응 사이에 간격, 즉 '공간'이 있다는 점이다. 우리가 독서를 통해 얻은 이 공간을 어떻게 이용하느냐에 따라 성공과 실패가 갈린다. 일반적으로 어린아이보다 어른들이 인내력이 강하고, 의사결정이 신중한 사람이 실수할 가능성이 적은데, 인내력이 강하고 신중한 사람은 이 공간을 활용하는 능력이 뛰어나다.

　얼마 전 잠자리에 들기 전에 아이와 독서에 대해 이야기를 나눈 적이 있다. 초등학교 고학년이지만 지금도 잠자리에서 책을 읽어달라고 한다. 이제 혼자 읽을 때도 되지 않았느냐고 물었더니 아빠가 읽어주는 게 편하단다. 독서교육 현장에서 학부모님을 만나면 책을 읽어달라는 아이들이 의외로 많은 것 같다. 하지만 글밥이 많아지면 부모가 읽어주더라도 아이들은 잘 이해하지 못한다. 부모가 계속 읽어주기만 하면 자극과 반응 사이의 공간이 작아지므로 사유의 폭이 제한될 수 있다. 무엇보다 고학년이 되면 스스로 책을 찾아 읽어야 하는데, 부모가 책을 읽어주면 아이들은 스스로 책을 읽을 줄 모르게 된다.

　그럼에도 불구하고 가끔씩 아이에게 책을 읽어주는 것도 필요하다. 책을 읽어주는 부모의 목소리는 아이의 정서에 도움이 될 수 있기 때문이다. 나는 이러한 점을 고려해 아이와 잠자리에 들기 전에 가끔씩 책을 읽어준다. 고학년을 위한 책은 분량이 길 수밖에 없는데, 책 읽기가 길어지면 어느 순간 아이는 잠에 빠져든다. 책 읽어주는 소리를 들으면서 까무룩 잠에 빠져드는 것만큼 아이에게 행복한 추억은 없다.

만화 읽기와 독서는 뭐가 다른 걸까?

지적 호기심은 대개 청소년기에 싹트기 시작한다. 소설가 공지영 작가님은 중학생 때 2백 원짜리 삼중당 문고를 수집하는 취미가 있었다고 한다. 나 역시 책을 좋아하던 어머니 덕분에 『삼국유사』, 『논어』, 『손자병법』, 『채근담』, 『백범일지』, 『상록수』 등 삼중당 문고를 두루 섭렵했다. 삼중당 문고를 어느 정도 읽고 나서는 세계문학전집에 도전했다. 당시에는 집집마다 외판원을 통해 전집 하나씩은 들여놓았다. 그때 읽은 책은 알베르 카뮈(Albert Camus)의 『이방인』, 장 폴 사르트르(Jean Paul Sartre)의 『구토』였다. 읽다 보니 세계문학은 그전에 읽은 책보다 너무 어려웠다.

마침 만화가게를 했던 우리 집에는 강철수 작가님의 만화『젊은 베르테르의 슬픔』이 있었다. 세계문학을 소재로 만들어진 만화는 나에게 달콤한 유혹이 아닐 수 없었다. 그러나 아무래도 만화책이다 보니 원작에 충실하기보다는 작가의 색깔이 녹아들어 있었다. 소위 말하는 교육용이 아니었다. 베르테르의 고뇌가 전혀 와 닿지 않았다.

윌리엄 셰익스피어(William Shakespeare)의『리어 왕』과 알렉상드르 뒤마(Alexandre Dumas)의『춘희』도 만화책으로 읽었다. 원작과 각색 작품의 차이에 대해 알지 못했으니, 줄거리만 대충 알면 원작을 읽은 것이나 마찬가지라고 착각했다. 대학생이 되어서도 원작을 읽어볼 생각은 하지 않았다. 그러다 보니 읽었다는 것만 기억에 남았고 책의 내용은 전혀 알지 못했다. 만화책을 읽는 것을 독서로 볼 것이냐 아니냐를 놓고 의견이 분분하지만 만화책은 텍스트가 아닌 이미지를 기반으로 하기 때문에 영상매체에 가깝다.

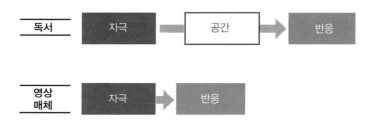

물론 만화 원작을 각색해 성공한 영화나 드라마도 있다. 드라마로 만들어진 윤태호 작가님의 『미생』이나 영화로 만들어진 주호민 작가님의 『신과 함께』 같은 작품은 작품성이 뛰어나다. 그리고 어려운 내용을 쉽게 이해할 수 있다는 점에서 만화만 한 것도 없다.

그러나 영상매체와 마찬가지로 만화는 자극과 반응 사이의 공간이 좁다. 『해리포터』 시리즈가 영화로 만들어졌을 때 많은 팬들이 "소설보다 못하다"고 지적했던 것도 비슷한 맥락이다. 만약 어떤 만화나 영상매체를 재미있게 보았는데, 그와 관련된 고전이나 소설이 있다면 반드시 원작을 읽어보는 것이 나을 것이다.

독서는 비움과 채움, 나눔을 반복하는 것

아픈 데가 없다면 아무리 좋은 약이라도 효과를 발휘하기 어렵다. 무언가가 부족하다고 결핍을 느끼는 '비움'의 단계에서 독서는 시작된다. 독서습관을 키우기 위해서는 비워지면 채우고, 채워지면 다시 비우는 과정을 반복해야 한다. 억지로 생각과 사유를 잡아두려고 애쓰는 순간부터 우리는 지치기 시작한다. 시중에는 책 내용을 기억하는 데 도움이 되는 메모법과 필기법을 소개하는 책이 난무하고 있다.

독서는 비움과 채움을 반복하는 활동이다. 이 반복활동이 원활하게 이루어질 때 비로소 책이 평생의 동반자가 될 수 있다. 책을 통해 얻은 지식이 뇌 속에 남기도 하고 사라지기도 하는데, 모든 것을 한 번에 남길 수는 없다. 우리의 뇌 속에 지식들이 남기도 하고 사라지기도 하지만 머릿속에 저장되어 있는 지식들이 서로 연결되며 생각으로 변환된다.

그러나 책을 읽으면서 굳이 억지로 생각하려고 노력할 필요는 없다. 책을 읽으면서 머릿속에 남는 것이 있으면 있는 대로 없으면 없는 대로 만족하고 다음 책을 읽어라. 다음 책을 읽으면서 미처 몰랐던 것을 알게 되기도 하고, 또다시 모르는 것이 생길 수도 있다. 하지만 모르는 것이 있다고 해서 한 번에 모든 것을 이해하기는 쉽지 않을 것이다. 자연스럽게 계속 책을 읽다 보면 어느 순간 자신도 모르게 새롭게 알게 되는 것이 생긴다. 그럴 때면 잠시 책을 덮어두고 생각에 잠기는 것이 좋다. 책속의 모든 활자들이 뇌 속에 채워진다면 좋겠지만 우리 두뇌는 한계가 있다. 그러니 비우고 채우는 것을 반복할 수밖에 없다.

이런 과정을 거쳐 책 속의 지식이 하나둘 머릿속에 쌓이게 될 것이다. 그리고 어느 순간 주위 사람들에게도 영향을 미칠 수 있는 나눔의 단계로 진입하게 된다. 비움과 채움의 과정을 반복하다 보면 다른 사람에게 지식을 나눠줄 만큼 성장한 자신을 발견하게 된다. 지속적으로 책을 읽으면 자신도 모르게 생각의 폭이 확장된다. 펌프에서 물을 퍼 올리기 위해서는 마중물을 미리 담아둬야 한다. 우리의 생각을 확장시키기 위해서도 마중물이 필요하다. 책은 바로 생각을 확장시키는 마중물이다.

　다시 말하지만 독서는 비움, 채움, 나눔의 반복활동이다. 독서습관을 오래도록 유지하기 위해서는 이러한 반복활동을 계속해야 한다.

7

목표가 없으니 성과가 없을 수밖에

이 세상에는 두 가지 종류의 혈통이 있단다.
어떤 사람들은 지금은 별 볼일 없지만 예전에는 대단했고,
또 어떤 사람들은 예전에는 아닌 것 같았지만
알고 보니 지금은 대단하다는 것이지.

─세르반테스의 「돈 키호테」 중에서

많고 많은 책 중에서 어떤 책이 좋은 책일까?

백 년도 못 사는 인간은 책이라는 발명품을 통해 불멸의 힘을 얻었다. 이 발명품은 인간에게 수만 킬로미터 떨어진 다른 나라의 이야기도 어렵지 않게 접할 수 있는 천리안을 선물했다. 또한 수천 년 전에 살았던 예수님, 공자님, 소크라테스 같은 위대한 인물들과 이야기를 나눌 수 있는 놀라운 마법을 선사했다. 책을 통해 우주는 물론 땅속이나 바다 속까지 속속들이 들여다보고 여행할 수도 있다.

인류는 책을 통해 문명과 문화를 발전시킬 수 있었다. 물론

이제껏 만들어진 모든 책들이 인류의 유산으로 영원히 남을 만한 가치를 지녔다고는 말하기 어려울 것이다. 『한국출판연감』에 따르면 우리나라에서 출간되는 책은 연간 4만 3천여 종에 이른다. 서점에는 날마다 신간 코너에 다양한 책들이 쏟아져 나오고, 인터넷에는 온갖 책 리뷰가 등록되고 있다.

우리가 대화를 나눌 때 사용하는 단어의 수는 1분에 약 100~125개에 이른다. 책을 읽을 때는 그보다 많은 단어를 읽을 수 있다. 어려운 교과서나 전공서적을 읽을 때는 1분에 240단어 이상 읽고, 에세이 등의 비교적 쉬운 책을 읽을 때는 1분에 600단어까지 읽는다. 우리가 평균적으로 1분에 400단어 정도를 읽는다고 가정해 보자. 하루 평균 30분 정도를 독서에 투자한다면 1년이면 약 438만 단어를 읽을 수 있다. 책 한 권에 대략 7만 5천 단어가 들어 있다고 치면 1년에 약 58권의 책을 읽을 수 있다. 우리가 독서하는 햇수를 60년으로 잡으면 평생 동안 3,480권을 읽을 수 있는데, 이는 우리나라에서 1년간 출판되는 책보다 적은 권수이다. 그렇다. 우리는 세상의 모든 책들을 읽을 수는 없다.

우리는 대부분 바쁘게 살고 있는지라 책을 읽는 데 많은 시간을 할애할 수는 없다. 이렇게 많고 많은 책들 중에서 나에게 정말로 필요한 책이 무엇인지 선별해야만 한다. 책을 어떻게 읽을 것인가에 대해 생각해 보기 전에, 많고 많은 책들 중에서 좋은 책을 어떻게 고를 것인지에 대해 생각해 봐야 한다. 우리는 독서에 할애할 시간도 부족하고, 모든 책을 살 만큼 예산도 넉넉하지 않다. 생산적으로 독서를 하기 위해서는 좋은 책만 선별해 읽어야 할 것이다. 장정일 작가님은 "좋은 책을 읽는 방법은 먼저 나쁜 책을 읽지 않는 것"이라고 했다. 그렇다면 좋은 책이란 어떤 것일까?

유네스코 세계기록유산으로 등재된 책은 이순신의 『난중일기』와 칼 마르크스(Karl Heinrich Marx)의 『자본론 1권』 등을 포함하여 300여 권에 불과하다. 책이라고 해서 모두가 유산은 아니라는 것이다. 뉴욕타임스에 따르면 1440년경에 구텐베르크(Johannes Gutenberg)가 인쇄술을 발명한 이래 현재까지 전 세계에서 발간된 책은 수없이 많은데, 그중에서 후세에 길이 남길 만한 책은 2만 권이 채 안 된다.

우리는 좋은 책을 '양서(良書)'라고 부르기도 한다. 표준국어대사전에 따르면 '양서'는 '내용이 교훈적이거나 건전한 책'을 뜻한다. 나는 좋은 책을 고르기 위해 다음과 같은 방법을 활용한다.

1. 권장도서목록을 활용한다.

권장도서목록에 수록된 책이라고 모두 좋은 책은 아니다. 실제로 일부 권장도서목록에는 너무 오래되거나 요즘 현실과 동떨어진 책들이 섞여 있는 경우도 적지 않다. 그러나 초보자라면 권장도서목록 또는 추천도서목록에 올라와 있는 책부터 읽는 것이 바람직하다. 이 목록에 올라온 책은 누구나 읽어도 무난한 책일 가능성이 크기 때문이다. 한우리열린교육에서는 초중고생을 위해 매년 『한우리가 뽑은 좋은 책 목록집』을 발간하고 있다. 또 각 대학이나 단체의 권장도서목록과 추천도서목록 등을 참고하는 것도 좋다.

2. 나와 취향이 비슷한 유명인의 추천도서는 읽을 만하다.

언젠가 우연히 네이버 지식인의 서재에서 박범신 작가님의 추천도서목록을 발견했다. 내가 읽었던 책들의 상당수를 작가님도 좋아하셨다. 나와 취향이 비슷하다는 것을 느꼈다. 그 후로 『스콧니어링 자서전』부터 『오두막』까지 한동안 작가님이 추천하신 책을 찾아 읽었다. 이는 영화를 고르는 방법과 비슷하다. 영화 취향이 비슷한 사람이 추천해 주는 영화는 대부분 볼 만하다. 자신과 독서 취향이 비슷한 유명인이 있다면 그의 추천도서목록은 눈여겨볼 만하다. 잘만 활용하면 거인의 어깨 위에서 세상을 바라볼 수 있을 것이다.

3. 주위에 독서가가 있다면 적극 활용하라.

직업 특성상 나는 책을 좋아하는 독서가 또는 독서지도사를 자주 만나는데, 그럴 때마다 감명 깊게 읽은 책이 무엇인지 물어본다. 그리고 책 제목을 적어두었다가 반드시 읽어본다. 독서가 또는 독서교육 전문가를 자주 만나보기는 힘들겠지만 우리 주위에는 의외로 독서가가 많다. 이런 사람에게 자신의 독서 취향을 먼저 이야기해 주고, 자신에게 어울리는 책을 추천해 달라고 하는 것도 바람직할 것이다.

4. 베스트셀러보다는 스테디셀러가 나을 수 있다.

베스트셀러는 사람들이 많이 읽는 책이다. 유행을 바탕으로 대중의 관심에 편승하여 출간되다 보니 깊이가 얕거나 금세 인기가 시들해지는 경우가 많다. 그런데도 많은 사람들이 교보문고와 영풍문고, 반디앤루니스 등 대형서점과 알라딘, Yes24, 인터파크 등 인터넷 서점의 베스트셀러 목록을 참조한다. 많이 팔리는 제품을 사려는 경향이 있기 때문이다. 다들 아이폰을 사는데 나만 중국산 스마트폰을 사려면 불안해진다. 큰맘 먹고 C사 카메라를 샀는데, 주변 사람들이 전부 D사 카메라를 들고 다닌다면 왠지 잘못 산 것 같다.

그런데 베스트셀러는 출판사에 의해 인위적으로 만들어지기도 한다. 드라마에 소개되어 갑자기 판매가 급상승하는 책이 있는가 하면 텔레비전 교양프로그램에 소개되어 수십만 부가 팔리는 인문교양서나 경제경영서도 나오고 있다. 이런 경우 드라마 제작자는 방송을 제작하는 단계에서 해당 출판사와 협찬 조건을 협의한다. 이른바 PPL인데, 출판사는 매출이 발생할 것을 고려해 일종의 광고료를 지급한다.

나는 베스트셀러보다는 오랜 시간 동안 사람들에게 인정받은 스테디셀러 위주로 읽는 편이다. 베스트셀러라고 해서 무턱대고 책을 고르면 자신의 취향이나 관심사와 다른 책이라서 실망할 수도 있다. 그러니 베스트셀러의 경우에는 관심 있는 내용을 다루는 책 위주로 선택하는 것이 바람직하다.

5. 세계문학전집 시리즈의 첫 번째 작품은 읽어야 한다.

여러 출판사들이 세계문학전집을 쏟아내고 있다. 이미 300권을 훌쩍 넘은 민음사를 필두로 문학동네, 열린책들, 펭귄 클래식, 을유문화사, 대산, 창비, 시공사 등이 좋은 책들을 많이 출간하고 있다. 그런데 출판사들이 늘 심혈을 기울이는 것은 시리즈의 첫 번째 작품이다. 첫 번째 작품이 전집의 성격을 가장 잘 반영하기 때문이다. 따라서 시리즈의 첫 번째 작품은 반드시 읽어 보라. 이를테면 도스토예프스키의 전집을 독보적으로 출간하고 있는 열린책들의 경우 시리즈의 1권은 역시나 도스토예프스키의『죄와 벌』이다. 정통 문학을 추구하는 문학동네는 톨스토이의『안나 카레니나』, 문학의 심미주의를 추구하는 창비는 괴테의『젊은 베르터의 고뇌』, 문학과 비문학을 아우르는 펭귄 클래식은 토마스 모어의『유토피아』, 오랜 역사를 자랑하는 을유문화사는 토마스 만의『마의 산』등을 각각 시리즈의 첫 번째 작품으로 내세우고 있다. 하나같이 주옥같은 작품들이다.

6. 기왕이면 완역본을 읽는 것이 좋다.

독서라는 행위는 독자와 저자 간의 대화이다. 작품의 해설서만 읽어서는 저자의 의도와 작품의 가치를 정확하게 파악하기 어렵다. 너무 어려워서 도움이 필요한 경우에는 해설서를 참고하되, 원전이 있다면 그것을 함께 읽는 것이 바람직하다. 언젠가 독서모임에서 민음사에서 발행한 찰스 디킨스(Charles Dickens)의『위대한 유산』을 읽은 적이 있었다. 독서를 꽤 많이 하셨다는 참석자 한 분이 "위대한 유산이 이렇게 두꺼운 책이었어?"라고 놀라시는 것이었다. 청소년용 한 권짜리로 여러 번 읽으신 모양이었다. 하지만 요약본으로는 찰스 디킨스의 맛깔

스럽고 유머러스한 문체를 읽어내기 어렵다. 문학작품의 경우에는 요약본보다는 원작을 반드시 읽어야 한다.

그러나 책에 대해 판단하기 위해서는 무엇보다 자신의 안목을 높일 필요가 있다. 특히 책의 내용도 고려하지 않고 무턱대고 책을 사들이는 일은 경계해야 할 것이다. 『달과 6펜스』로 유명한 영국의 소설가 서머셋 모음은 무명작가 시절에 자신의 책이 팔리지 않자 신문에 다음과 같은 광고를 실었다.

"나는 스포츠와 음악을 좋아하며 교양 있고 온화한 성격을 가진 젊은 백만장자입니다. 윌리엄 서머셋 모음이 최근 발표한 소설 속의 여주인공과 꼭 닮은 아가씨와 결혼하고 싶습니다."

이 광고가 나가자 젊은 여성들이 너나 할 것 없이 서머셋 모음의 소설을 구입했고, 그 덕분에 그는 성공을 거두었다.

결국 우리는 자신에게 필요한 책이 무엇인지 신중하게 생각해 봐야 한다.

나에게 필요한 책은 어떤 책일까?

소문난 책벌레이자 전국 최대 규모의 독서모임인 '나비독서모임'을 이끌고 있는 3P자기경영연구소의 강규형 대표님은 '목적이 있는 책 읽기'를 강조한다. 만약 '조화로운 인간관계를 만들어보자'라는 목적이 생겼다면 나에게 필요한 책의 범위가 좁혀진다. 어떤 목적으로 책을 읽는지가 정해진다면 책을 고르기가 한결 수월해진다.

예를 들어 사랑과 관련된 문학작품을 읽고 싶다면 괴테(Johann Wolfgang von Goethe)의 『젊은 베르테르의 슬픔』을 한 번쯤은 읽어볼 만하다. 이 소설은 억제할 수 없는 사랑의 열정 때문에 괴로워하다가 결국 자살해 버린, 예민하고 고집스러운 한 청년의 이야기이다. 이 소설을 쓸 당시에 괴테에게는 실연당한 친구가 있었는데, 그 친구가 자살하자 이를 소재로 작품을 쓴 것으로 널리 알려져 있다. 이 작품의 영향으로 한때 젊은 세대들에게 자살이 유행하기도 했다.

베르테르는 상속 사건을 처리하러 어느 마을에 왔다가 우연히 로테라는 아름다운 여인을 알게 되었다. 베르테르는 로테에게 첫눈에 반하지만 그녀에게는 이미 약혼자가 있었다. 그 사실을 알게 된 베르테르는 절망하여 외교관의 비서가 되어 먼 고장으로 떠나버린다. 베르테르는 관료직에 염증을 느끼고 더 이상 적응할 수 없어 상관에게 반항하다가 파면된다. 그러자 다시 로테에게 연모의 정이 일어나 그녀 곁으로 돌아온다. 새로운 가정을 꾸리고 있는 로테의 따뜻한 배려와 은근한 애정은 그로 하여금 갈등을 더욱 깊어지게 하여, 마침내 권총 자살을 하기에 이른다. 남녀의 사랑에 있어서는 절제나 타협이 용납되지 않는다.

이 책에서 가장 인상적인 부분은 베르테르가 자살 직전 권총에 키스하는 부분이다. 죽음을 앞두고 있는 주인공 베르테르의 모든 심정을 담아놓은 명장면이다. 1774년에 발표한 이 작품으로 괴테는 단숨에 작가로서의 명성을 얻었으며, 이후 유럽 여러 나라에 많은 영향을 끼치게 되었다.

그런데 이 작품은 편지체로 쓰인 서간문으로 되어 있다. 편지라는 형식을 활용했기에 베르테르의 개인적인 고백이 더 진실하게 다가온다. 이 작품을 감명 깊게 읽은 신격호 회장님이 여주인공의 이름에서 롯데라는 회사명의 모티브를 얻었다는 것은 널리 알려진 사실이다.

만약 문학작품처럼 간접적인 교훈이나 감동을 주는 책보다는 대화법이나 협상력 등 직접적으로 도움이 되는 정보를 얻고자 한다면 자기계발서를 읽는 것이 바람직하다. 흥미를 끄는 주제라면 문장이 다소 어려워도 술술 읽힐 것이다. 일반적인 성인들을 대상으로 하는 독서모임들은 자기계발서류를 많이 소개한다. 너무 가벼운 책들을 읽는 것이 아닌가 하고 생각할 수도 있지만 내 생각은 조금 다르다. 일반인들을 대상으로 진행하는 독서모임의 성격을 고려하면 자기계발서도 괜찮다. 나 역시 읽을 책이 마땅치 않을 때는 종종 이런 모임에서 선정하는 도서를 찾아 읽는다. 얼마 전에 모 독서모임에서 추천한『하버드의 생각 수업』이라는 책을 읽고 토론모임에 참석한 적이 있다. 처음 읽었을 때는 내용이 부실하고 식상하다고 느껴졌다. 하지만 독서모임에서 추천한 도서였기에 차분히 시간을 갖고 다시 읽어 내려갔다. 그제야 눈에 띄는 문장을 발견할 수 있었다.

"본래 자신이라는 존재는 타인과 쉽게 섞이지 않는 단단한 부분과 타인과 섞임으로써 유연하게 모습을 바꾸는 부분의 이중 구조로 구성되어 있다. 작가는 이것이 달걀의 노른자와 흰자 같은 것이라고 표현했다. 다수의 사람이 존재하는 '장소'는 말하자면 달걀을 깨기 위한 그릇이며, 한 사람 한 사람은 깨져서 그곳에 담긴 달걀이다. 달걀을 깨면 흰자끼리는 서로 섞여서 경계선을 알 수 없게 된다. 그러나 노른자는 결코 섞이지 않고 그릇 안에서 식별 가능한 상태로 계속 존재한다. 이 흰자와 노른자가 자신이라는 존재를 형성하고 있다는 것이다. '나는 누구인가'를 생각할 때 노른자 부분뿐만 아니라 장소에 따라 모습을 바꾸는 흰자 부분도 고려해야 나라는 존재를 설명할 수 있다는 말이다."

이 부분을 읽으면서 평소에 관심 있었던 '생각하는 법'에 대해 진지하게 생각해 보게 되었고, 다른 사람들의 생각들까지 경청할 수 있었다. 이처럼 자기계발서를 통해서도 좋은 결과를 얻어낼 수 있다. 또 자기계발서는 대개 어렵지 않게 읽어낼 수 있고, 저자가 전달하는 메시지도 직관적이어서 무언가를 배우고 이해하는 데 적절한 책이다. 다시 말하지만 문학작품이든 자기계발서이든 나에게 필요한 책이 가장 좋은 책인 것이다.

8

생산적인 독서생활을 위한 자가진단 테스트

> 우리는 우리 자신을 잘 알지 못한다.
> 우리를 인식하는 자들조차 우리 자신을 잘 알지 못한다.
> 여기에는 그럴 만한 이유가 충분히 있다.
> 우리가 우리 자신을 한 번도 탐구해 본 적이 없었기 때문이다.
> —니체의 『도덕의 계보학』 중에서

관심과 흥미가 있어야 술술 읽힌다

이제부터 필기가 가능한 책상으로 자리를 이동하라. 다른 복잡한 일은 잠시 미루고 테스트에 집중하기 바란다. 이동 중이라면 편한 곳에 자리를 잡은 후 이 책을 다시 펼쳐라. 그리고 마음을 열고 안내에 따라주기 바란다.

등산을 하기 위해서는 가장 먼저 어떤 산에 오를지 어떤 봉우리에 오를지를 결정해야 한다. 목적지를 정하고 산 입구에 도달했다면 그 다음 할 일은 현재 자신의 위치를 확인하는 것이다. 독서도 마찬가지다. 독서의 목적을 설정하였다면 그 다음에는 자신을 먼저 파악하는 것이 좋다. 인간은 관심을 갖는 분야에서 성취동기가 높아진다. 관심과 흥미를 끄는 책을 읽으면 어려운 책도 술술 읽힌다. 그러기 위해서는 우선 자신이 어떤 것에 관심을 두는지 파악하는 것이 필요하다. 하워드 가드너(Howard Gardner) 박사의 다중지능 이론을 활용해 자신의 성향을 파악해 보자.

가드너 박사는 그의 저서 『다중지능』에서 "지능이란 자신의 문화권에서 가치 있다고 인정받은 문제를 해결하고 새로운 것을 창조하는 능력"이라고 정의했다. 각각의 지능이 상호 독립적이라고 가정하면서도 특정 영역에서 여러 개의 지능들이 상호작용할 수 있다고 설명한다.

지능이 상호 독립적이라고 가정하는 이유는 두 가지가 있다. 첫째, 한 정보를 독립되지 않은 여러 지능을 통해 해석하는 것보다는 독립된 한 지능을 통해 해석하는 것이 빠르고 효율적이기 때문이다. 둘째, 뇌의 일부만 손상된 사람은 다른 능력은 손상되지 않지만 한 능력만 크게 훼손되기 때문이다. 예컨대 가드너 박사는 전두엽이 손상된 사람이 의사소통 능력만 크게 훼손되자, '아, 의사소통 능력과 관계된 언어지능만 부족해질 수 있구나! 그러면 언어지능은 다른 지능과는 독립적이겠구나!'라고 깨달았다.

실제로 인디애나대학의 신경해부학자 질 볼트 테일러(Jill B. Taylor)는 37살이던 1996년 10월 갑자기 반신을 못 쓰게 되었다. 그녀는 직감적으로 자신이 뇌졸중에 걸렸다는 것을 깨달았고 도움을 청했다. 응급실로 실려 간 그녀의 상태는 심각했으며, 좌뇌에 골프공만 한 핏덩이가 언어중추를 집어삼키고 있었다. 이후 8년간의 재활치료를 통해 서서히 회복해 가면서 그녀는 놀라운 체험을 했다. 시간이 흘러 온전한 정신과 언어 기능을 조금씩 되찾아가면서 그전에 느꼈던 행복감이 점점 사그라지는 것이었다.

좌뇌가 기능을 잃자 그녀는 미래에 대해 아무런 걱정도 하지 않았고 오로지 현재의 감각에 충실할 수 있었으며, 명상가들이 오랜 수련을 통해 찾아 헤매는 열반의 경지에 도달할 수 있었다. 그녀는 자신의 책 『긍정의 뇌(My stroke of insight)』에서 분석하고, 따지며, 판단을 내리려 하고, 미래를 걱정하는 좌뇌를 조금만 쉬게 하면 현실에 두 발을 딛고 살면서도 천국의 평화를 누릴 수 있다고 주장했다.

가드너의 이론은 지능에 대해 연구한 기존의 이론을 뒤엎었다. 기존에는 언어적-논리·수학적 지능만 중시해 왔다. 지능이 뛰어나면 모든 분야에서 뛰어난 성취를 보일 것이라고 가정했던 것이다. 가드너는 지능의 범위를 확장해 이러한 인식에 변화를 가져왔다. 또 문화권과 사회적 맥락을 중시하여 지능은 객관적이고 보편적인 능력이 아닌 문화-상황 의존적이라는 관점을 제시하기도 하였다. 또 사람은 모든 영역의 지능을 보유하고 있지만 그것이 발달하는 정도에는 차이가 있다고 주장했다.

이러한 다중지능 이론은 교육에 활용되었다. 학생들이 흥미를 느끼는 학습 활동과 과제를 스스로 파악하게 하여 누구나 주어진 학습 목표에 도달할 수 있도록 한 것이다. 이러한 다중지능 이론을 독서에도 활용한다면 어떨까? 우리 자신이 흥미를 느끼는 관심사를 우선 파악한다면 독서의 능률도 오르지 않을까?

자, 그럼 이제부터 책상 앞에 앉아 자신의 다중지능을 테스트해 보자.

자신의 관심사를 발견하는 다중지능 검사

이 문항은 토마스 암스트롱(Thomas Armstrong)의 다중지능 체크 리스트에서 가져온 것이다. 각 문항을 읽고 다음 기준에 따라 해당하는 점수를 답안지에 1점부터 5점까지 기록하자.

전혀 그렇지 않다.	별로 그렇지 않다.	보통이다.	대체로 그렇다.	매우 그렇다.
1점	2점	3점	4점	5점

 체크 리스트

1. 취미 생활로 악기 연주나 음악 감상을 즐긴다.

2. 운동 경기를 보면 선수들의 장단점을 잘 발견한다.

3. 어떤 일이든 실험하고 검증하는 것을 좋아한다.

4. 손으로 물건을 만들고, 그림을 그리는 것을 좋아한다.

5. 다른 사람보다 어휘력이 풍부한 편이다.

6. 친구나 가족들의 고민거리를 들어주거나 해결하는 것을 좋아한다.

7. 나 자신을 되돌아보고, 앞으로의 생활을 계획하는 것을 좋아한다.

8. 자동차에 관심이 많고, 각각의 공통점과 차이점을 잘 알고 있다.

9. 악보를 보면 그 곡의 멜로디를 어느 정도 알 수 있다.

10. 평소에 몸을 움직이며 활동하는 것을 좋아한다.

11. 학창시절에 수학이나 과학 과목을 좋아했다.

12. 어림짐작으로도 길이나 넓이를 비교적 정확히 알아맞힌다.

13. 글이나 문서를 읽을 때 문법적으로 어색한 문장이나 단어를 잘 찾아낸다.

14. 직장 내 성희롱이 왜 발생하고 어떻게 해결하면 좋은지 알고 있다.

15. 나의 건강 상태나 기분, 컨디션을 정확히 파악할 수 있다.

16. 옷이나 가방을 보면 어떤 브랜드인지 바로 알아맞힐 수 있다.

17. 다른 사람의 연주나 노래를 들으면 어떤 점이 부족한지 알 수 있다.

18. 어떤 운동이라도 한두 번 해보면 잘할 수 있다.

19. 다른 사람의 말 속에서 비논리적인 점을 잘 찾아낸다.

20. 다른 사람의 그림을 보고 평가를 잘할 수 있다.

21. 나의 어렸을 때 꿈은 작가나 아나운서였다.

22. 다른 사람들로부터 다정다감하다는 소리를 자주 듣는다.

23. 내 생각이나 감정을 상황에 맞게 잘 통제하고 조절한다.

24. 동물이나 식물에 관하여 많은 정보를 알고 있다.

25. 다른 사람과 노래할 때 화음을 잘 넣는다.

26. 운동을 잘한다는 말을 자주 듣는다.

27. 회사 생활에서 발생하는 문제를 해결하는 절차와 방법을 잘 알고 있다.

28. 내 방이나 사무실을 꾸밀 때, 어떤 재료를 사용해야 하고 어떻게 배치해야 할지 잘 알아낸다.

29. 글을 조리 있고 설득력 있게 쓴다는 말을 자주 듣는다.

30. 직장 동료나 상사의 기분을 잘 파악하고 적절하게 대처한다.

31. 평소에 내 능력이나 재능을 계발하기 위해 노력하고 있다.

32. 동물이나 식물을 좋아하고 잘 돌본다.

33. 악기를 연주할 때 곡의 음정, 리듬, 빠르기, 분위기를 정확하게 표현한다.

34. 뜨개질이나 조각, 조립과 같이 섬세한 손놀림이 필요한 활동을 잘할 수 있다.

35. 물건의 가격이나 은행 이자 등을 잘 계산한다.

36. 다른 사람에게 그림 그리기나 만들기를 잘한다고 칭찬받은 적이 있다.

37. 책이나 신문의 사설을 읽을 때 그 내용을 잘 이해한다.

38. 가족이나 직장 동료, 상사 등 누구와도 잘 지내는 편이다.

39. 내 일정을 다이어리에 정리하는 등 규칙적인 생활을 위해 노력한다.

40. 나는 동식물과 관련된 직업에 종사하고 싶다.

41. 어떤 악기라도 연주법을 비교적 쉽게 배운다.

42. 개그맨이나 탤런트, 주변 사람들의 행동을 잘 흉내 낼 수 있다.

43. 어떤 것을 암기할 때 무작정 외우기보다는 논리적으로 이해하여 암기하곤 한다.

44. 새로운 지식을 습득할 때 그림이나 개념 지도를 그려 가며 외운다.

45. 학창 시절에 국어 시간이나 글쓰기 시간을 좋아했다.

46. 내가 속한 집단에서 내가 해야 할 일을 잘 찾아서 수행한다.

47. 어떤 일에 실패했을 때 그 원인을 철저히 분석해, 다음에는 그런 일이 생기지 않도록 노력한다.

48. 동식물이나 특정 사물이 갖는 특징을 분석하는 것을 좋아한다.

49. 빈칸을 주고 어떤 곡을 채워 보라고 하면 박자와 전체 곡의 분위기에 맞게 채울 수 있다.

50. 연기나 춤으로 내가 전하고자 하는 것을 잘 표현할 수 있다.

51. 어떤 문제가 생기면 성급하게 결론을 내리기보다는 여러 가지로 그 원인을 밝히려고 한다.

52. 고장 난 기계나 물건을 잘 고친다.

53. 다른 사람이 하는 말의 핵심을 잘 파악한다.

54. 다른 사람들 앞에서 프레젠테이션이나 연설을 잘한다.

55. 앞으로 어떻게 성공해야 할지에 대해 뚜렷한 신념을 가지고 있다.

56. 환경 문제를 해결할 수 있는 방법들을 많이 알고 있다.

 답안지

지능	A	B	C	D	E	F	G	H
번호	1	2	3	4	5	6	7	8
점수								
번호	9	10	11	12	13	14	15	16
점수								
번호	17	18	19	20	21	22	23	24
점수								
번호	25	26	27	28	29	30	31	32
점수								
번호	33	34	35	36	37	38	39	40
점수								
번호	41	42	43	44	45	46	47	48
점수								
번호	49	50	51	52	53	54	55	56
점수								
합계점수								
환산점수								
지능	A	B	C	D	E	F	G	H

모든 문항에 답했다면 이제부터 그 결과에 대해 알아보기로 하자. 다음의 '결과 해석 방법'대로 결과를 알아보면 될 것이다.

 결과 해석 방법

- 답안지의 번호에 쓰인 숫자가 1인 경우는 1점, 2는 2점, 3은 3점, 4는 4점, 5는 5점으로 계산한다.
- 표의 세로 항목별로 합계점수를 계산한다.
- '점수 환산표'에 따라 세로 항목별 합계점수에 해당하는 환산점수를 답안지에 적는다.
- 환산점수를 '다중지능 집계표'에 옮겨 적는다.
- 환산점수를 '다중지능 프로파일'의 다이어그램에 옮겨 적으면 자신이 어떤 것에 강하고 약한지를 시각적으로 쉽게 확인할 수 있다.
- 점수가 가장 높은 상위 두세 가지 지능이 자신의 강점지능이 된다.

점수 환산표

합계 점수							7	8	9	10
환산 점수							0	4	7	11
합계 점수	11	12	13	14	15	16	17	18	19	20
환산 점수	14	18	21	25	29	32	36	39	43	46
합계 점수	21	22	23	24	25	26	27	28	29	30
환산 점수	50	54	57	61	64	68	71	75	79	82
합계 점수	31	32	33	34	35					
환산 점수	86	89	93	96	100					

 다중지능 집계표

	A	B	C	D	E	F	G	H
지능	음악	신체	논리수학	공간	언어	인간친화	자기성찰	자연친화
환산 점수								
순위								

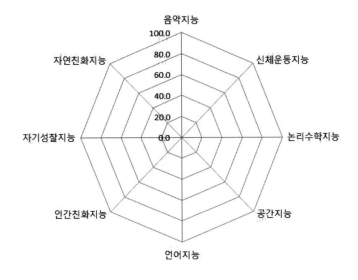

음악지능
100.0
자연친화지능 80.0 신체운동지능
60.0
40.0
20.0
자기성찰지능 0.0 논리수학지능

인간친화지능 공간지능

언어지능

독서는 다중지능을 최대로 끌어올린다

다중지능 이론의 창시자 가드너 교수는 언어지능과 논리수학 지능 등 여덟 가지 지능에 대해 다음과 같이 설명했다.

1. 언어지능(Linguistic Intelligence)

말이나 글을 통하여 언어를 효과적으로 구사할 수 있는 능력이다. 모든 문화권에서 언어지능은 기본적으로 나타난다. 언어지능에는 언어를 효과적으로 구사하는 것 외에도 외국어를 습득하는 능력도 포함되며, 이 지능은 경험이 늘고 나이가 들수록 상승한다.

2. 논리수학지능(Logical-mathematical Intelligence)

논리적, 수학적으로 사고하는 능력이다. 일반적으로 우리가 알고 있는 IQ의 대부분이 논리수학지능에 해당한다. 실험을 거쳐 논리적으로 검증하는 것을 좋아하는 사람이라면 이 지능이 높다고 할 수 있다. 논리수학지능이 높으면 수에 대한 감각이 뛰어나고, 문자나 이미지보다는 숫자로 표현된 것을 더 잘 기억하기도 한다.

3. 음악지능(Musical Intelligence)

음악뿐만 아니라 소리와 관련된 모든 것에 남보다 민감하게 반응하거나 분석할 수 있는 능력이다. 음악지능이 뛰어나면 적절한 상황에 맞는 소리나 음악을 찾는 능력이 뛰어나다. 예를 들어 줄넘기가 넘어가는 소리에 자연스럽게 리듬을 맞출 수 있다.

4. 신체운동지능(Bodily-kinesthetic Intelligence)

신체적 운동과 관계된 능력이다. 이 능력은 스포츠와 같이 격렬한 운동 외에도 균형, 민첩성, 손의 섬세한 움직임, 표현력 등을 모두 포함한다. 운동선수뿐만 아니라 행위예술가와 배우 등도 이 지능이 뛰어난 사람으로 분류된다.

5. 공간지능(Spatial Intelligence)

공간에 대해 파악하는 능력이다. 디자이너나 예술가 중에는 이 지능이 발달한 사람이 많다.

6. 인간친화지능(Interpersonal Intelligence)

주로 사람들과 교류하고 타인의 감정과 행동을 파악하는 능력이다. 대인적 지능이라고도 한다. 이 능력이 뛰어나면 상대방하고 어울리는 능력도 뛰어나다. 이것을 관장하는 부분이 뇌의 전두엽인데, 전두엽이 손상되면 이 지능이 상대적으로 떨어진다.

7. 자기성찰지능(Intrapersonal Intelligence)

자기 자신의 상태나 감정을 파악하는 능력이다. 이 지능이 뛰어나면 자신에 대해 철저히 객관적으로 판단하고, 그에 기초하여 행동을 조절할 수 있다.

8. 자연친화지능(Naturalist Intelligence)

동·식물뿐만 아니라 날씨, 자동차 등 주위를 잘 관찰하고 분석하는 능력이다. 이 능력이 뛰어나면 동물이나 식물을 잘 키우고, 자연에서 발생하는 현상들을 잘 분석한다.

토마스 암스트롱은 인간이 책을 읽을 때는 음악지능과 신체지능 등 여덟 가지 지능 모두를 활성화시킴으로써 뇌의 인지 및 사고 능력을 총체적으로 활성화시킨다고 주장한다. 그에 의하면 독서를 시작할 때 독자는 우선 문자의 시각 이미지에 주의를 기울이는데, 이때 그림과 이미지를 인식하는 공간지능이 활성화된다. 이어서 문자라는 시각 이미지를 소리 및 언어와 일치시키기 위해 음악지능과 자연친화지능 그리고 언어지능이 활용된다. 또 이런 시각 및 청각 등의 감각이 활성화되면서 신체운동지능도 활성화된다. 독자가 책에서 의미 있는 정보를 받아들이면 자기성찰지능이 활성화되고, 책의 저자나 작중인물들의 의도 등을 파악하다 보면 논리수학지능이 활성화되어 비판적이고 논리적인 사고를 할 수 있다. 아울러 책을 읽으면서 인간관계와 사회적 현상에 대해 생각해 볼 수 있으므로 인간친화지능도 활성화된다. 따라서 책을 읽으면 여덟 가지 다중지능이 총체적으로 활성화되어, 뇌의 인지 및 사고 능력을 향상시키는 것이다.

제**4**부

H
나에게 맞는
독서법은
따로 있다

9

질보다 양, 나는 빠르게 많이 읽는다

구루는 그를 만날 자격이 있는 자에게만 나타난다.
완벽을 향한 무한한 노력이 그 자격이다.
그것은 자신에 대한 보상이다. 나머지는 신의 손안에 있다.
—마하트마 간디의 『간디 자서전』 중에서

다치바나 다카시의 '실전에 필요한
14가지 독서법'

대학원생 시절에 지금은 총장이 되신 행정학과 염재호 교수님의 수업을 들은 적이 있다. 교수님은 수업 내용과는 별개로 매주 한 권의 책을 읽어오라는 과제를 내주셨다. 일주일 만에 한 권을 어떻게 읽으라는 것인가. 우리는 당황스러웠다. 그동안 책을 읽으면 좋다는 말은 무수히 들어왔다. 하지만 어떻게 하면 일주일에 한 권을 읽을 수 있는지에 대해서는 그 누구도 알려준 적이 없었다. 나 역시 책을 가까이 하긴 했지만 목표를 세워 읽은 적이 없었다. 그것도 매주 한 권씩, 한 달에 4권이라니⋯⋯.
교수님은 당황하는 학생들에게 다치바나 다카시의 『나는 이런
책을 읽어 왔다』를 소개하셨다.

"여러분 이 책의 저자처럼 읽어보세요. 일주일에 한 권 읽는
게 생각처럼 어렵지 않을 겁니다. 읽고 안 읽고는 여러분의 선
택입니다. 하지만 가능하면 저를 믿고 도전해 보세요."

다치바나 다카시는 수많은 책을 읽으며 책 읽기의 비결을 터
득한 일본의 유명 작가이자 칼럼리스트이다. 인류가 이룩한 모
든 지식을 자기 방식으로 종합하겠다는 목표를 세우고 독서와
집필에 몰두하기 위해 '고양이 빌딩'이라는 개인도서관을 지은
것으로 유명하다. 그곳에는 무려 20만 권의 책이 있다. 교수님
은 우리도 다치바나 다카시처럼 책을 좋아하는 사람이 되기를
바란다고 하셨다.

"여러분들이 듣는 이 수업은 한 학기면 끝이 납니다. 그러나
저와 함께 책 읽는 습관을 키우면 평생의 재산이 될 겁니다. 독
서는 모든 공부의 기본입니다."

교수님은 취미를 위한 독서에는 적당하지 않지만, 업무와 실
전을 위한 독서에는 꼭 필요한 기술이라고 강조하시며, 다치바
나 다카시의 '실전에 필요한 14가지 독서법'을 다음과 같이 소
개하셨다.

1. 책을 사는 데 돈을 아끼지 말라.

2. 같은 테마의 책을 여러 권 찾아 읽어라.

3. 책 선택에 대한 실패를 두려워하지 말라.

4. 자신의 수준에 맞지 않는 책은 무리해서 읽지 말라.

5. 읽다가 그만둔 책이라도 일단 끝까지 넘겨보라.

6. 속독법을 몸에 익혀라.

7. 책을 읽는 도중에 메모하지 말라.

8. 가이드북에 현혹되지 말라.

9. 주석을 빠뜨리지 말고 읽어라.

10. 책을 읽을 때는 끊임없이 의심하라.

11. 새로운 정보는 꼼꼼히 체크하라.

12. 의문이 생기면 원본자료로 확인하라.

13. 난해한 번역서는 오역을 의심하라.

14. 대학에서 얻은 지식은 대단한 것이 아니다.

이 독서법을 다른 독서법들과 비교해 보면 몇 가지 공통점을 찾을 수 있다. 첫 번째는 책을 사는 데 돈을 아끼지 말라는 것이다. 책값이 비싸다고 해도 책 한 권에는 많은 정보가 담겨 있으니 책값을 아까워해서는 안 된다. 두 번째는 관심 있는 주제에 관해 한 권의 책을 읽는 것으로 끝내지 말고 비슷한 책 여러 권을 가볍게 읽으라는 충고다. 세 번째는 밑줄을 긋거나 표시를 하며 책을 거칠게 다루라는 충고다. 필요한 정보가 책의 어느 부분에 있는지 쉽게 활용할 수 있도록 하라는 것이다. 네 번째는 속독법을 몸에 익히라는 것인데, 특히 실용서를 읽을 때는 속독법이 매우 필요하다. 또 어떤 책이든 적어도 일주일 안에 읽고 전체 맥락을 파악해야 한다.

수업시간마다 학생들은 일주일 동안 읽은 책에 대해 30분 동안 이야기를 나누었다. 학생들 대부분이 독서에 대한 교육을 받은 적이 없었으므로 한 달에 4권의 책을 읽는 과제는 생각보다 어려웠다. 그래서 나는 다치바나 다카시의 '실전에 필요한 14가지 독서법' 중에서 '6. 속독법을 몸에 익혀라'라는 항목에 유난히 관심이 갔다.

속독, 짧은 시간에 최대한 많이 읽는 기술

미국의 제16대 대통령인 에이브러햄 링컨(Abraham Lincoln)은 젊은 시절에 4권의 중요한 책을 만났다. 그에게 영향을 끼친 4권의 책은 도덕적 책임을 가르쳐준 『성경』, 천국을 동경하게 한 『천로역정』, 조국에 대한 사랑과 충성심을 일깨워준

『워싱턴의 생애』, 재치와 유머를 알게 해준 『이솝우화』이다. 그런데 『워싱턴의 생애』와 관련된 유명한 일화가 있다. 링컨은 멀리 떨어진 이웃 크로포드에게 이 책을 빌렸는데, 창문에 놓고 잠들 때 폭풍이 불어 겉표지가 손상되었다. 링컨은 책값을 지불하기 위해 사흘 동안 일하였고, 마침내 그 책은 링컨의 것이 되어 평생 곁에 두고 읽었다.

지금처럼 책이 흔해진 시대에는 링컨처럼 몇 권의 책을 평생 친구처럼 갖기는 쉽지 않다. 스티브 잡스(Steve Jobs)가 아이패드를 선보인 후 전 세계에는 스마트 기기가 순식간에 대중화되었다. 이를 통해 전자책이나 PDF문서로 변환된 세계 각국의 수많은 책이나 잡지, 논문을 언제 어디서나 읽을 수 있다.

정보화 시대에는 많은 정보를 빨리 얻어내야 살아남는다. 신규 사업을 위한 기획서를 하나 쓰려면 일단 시장 환경이나 관련 문헌부터 조사해야 한다. 그러기 위해서는 그와 관련된 꽤나 많은 양의 페이지를 제한된 시간에 읽어내야 한다. 이럴 때는 어떤 책을 어디서부터 읽어야 할지 도무지 가늠이 되지 않을 수도 있다.

한우리열린교육과 함께 NRI(Nohmyungwan Reading Inventory) 독서종합검사를 개발하신 고려대학교 국어교육과의 노명완 명예교수님에 따르면, 정보를 빠르고 효율적으로 습득하고자 하는 현대인의 특징은 다른 어느 나라보다도 미국에서 더 잘 나타난다. 여러 차례 수능 출제위원을 역임하고 언어학에 관해서는 국내 최고의 권위를 자랑하는 노명완 교수님은 미국 일리노이 대학에서 접했던 속독법을 소개해 주셨다. 미국에서는 주로 실생활에서 능률을 높이기 위해 속독법을 활용하고 있다. 짧은 시간에 되도록 적은 노력으로 최대한 효과를 올리려는 합리주의적인 사고방식이 책 읽기에 반영된 것이다.

그런데 속독법에 대해 알아보기 전에 미국의 대량생산 시스템부터 살펴보기로 하자. 헨리 포드(Henry Ford)는 대량생산 시스템을 개발한 것으로 유명한데, 어느 날 그는 도축장을 지나다가 도축된 고기들이 컨베이어 벨트 위에서 이동하는 것을 보고 무릎을 쳤다. 그는 즉시 자동차 공장에 컨베이어 벨트를 설치했고 분업식 조립라인을 만들어냈다. 이렇게 탄생한 '일괄생산방식'은 공장의 생산방식에 엄청난 변화를 가져왔다. 1913년 미시간 주에 건설된 포드자동차 공장에서 최초로 가동된 일괄생산라인은 자동차 생산에 혁명을 일으켰다. 생산시간은 10분의 1로 줄어든 대신 가격은 3분의 1로 낮아진 것이다.

공장 내부에는 컨베이어 벨트가 연결되었고, 노동자들은 분업식 조립라인에 배치되어 엔진, 바퀴, 차체를 조립하고 컨베이어 벨트가 끝나는 곳에서는 자동차가 완성되었다. 자동차 생산은 연간 16만 대에서 36만 대로 늘어났고, 자동차 가격은 850 달러에서 440달러로 내렸다. 이로서 포드는 전 세계 자동차 생산의 절반 이상을 생산하기 시작했다. 대량생산이 제품의 가격을 낮추어 대량의 수요를 창출했고, 거대 기업을 탄생시킨 것이다.

헨리 포드가 대량생산 시스템으로 놀라운 성과를 거두자 미국 사회에서는 이 방식을 문맹률을 낮추는 데도 활용했다. 미국 사회에는 이민족이 많다 보니 영어를 읽을 줄 모르는 사람이 많다. 노명완 교수님에 의하면 미국의 언어학자들은 문식성(literacy)에 대해 많이 연구한다. 문식성은 '문자를 읽고 이해하는 능력'인데, 미국의 언어학자들은 어떻게 하면 미국인들의 읽기 능력을 생산적으로 높일 수 있을까 고민했기 때문에 문식성에 관심을 기울인 것이다.

미국의 언어학자들은 헨리 포드처럼 놀라운 성과를 거둘 수 있는 획기적인 시스템, 짧은 시간에 되도록 적은 노력으로 최대한 독서 능률을 높일 수 있는 시스템을 개발하는 데 이르렀다. 그 결과 미국에서 속독법이 유행하게 되었다. 한때 우리나라에서도 속독법이 선풍적인 인기를 끌었는데, 속독이란 일반적으로 200~300페이지 분량의 단행본을 1시간 이내에 읽을 수 있는 방법을 말한다.

속독법을 익히면 모든 책을 빨리 읽을 수 있을까?

속독법을 익히면 책 한 권을 1시간 이내에 읽을 수 있다는데, 그것이 정말 가능할까? 속독법은 글을 읽을 때 단어나 문구를 덩어리로 묶어서 문장이나 문단 단위로 끊어 읽기 때문에 가능하다. 보통사람의 경우 글을 인식하는 속도가 말하는 속도와 비슷하거나 그보다 좀 더 느리다. 그러나 속독법을 배운 사람들은 머릿속에서 단어의 뜻을 불러오는 시간이 빨라서 몇 개의 단어 혹은 문장을 빠른 속도로 머릿속에 정리한다.

속독을 하기 위해서는 많은 단어와 문장을 빠른 속도로 읽어야 하기 때문에 눈동자를 효율적으로 굴려야 한다. 그런데 속독을 비판하는 사람들 중에는 눈동자를 효율적으로 굴린다고 해서 책을 빨리 읽을 수는 없다고 주장하는 사람이 많다. 하지만 이 말이 옳다고 할 수는 없다. 실제로 지각심리학의 시각패턴으로 독서 능력을 연구하는 학자들에 따르면, 독서를 잘하는 사람과 못하는 사람은 눈동자의 움직임에서 차이가 나타난다. 예를 들어 책을 빠르고 정확하게 읽는 사람들의 눈동자는 더 효율적으로 움직이는데, 보다 넓게 움직이면서 한 번에 많은 양의 글을 읽는 경향이 있다.

그런데 속도법을 익힌다고 해서 모든 책을 빨리 읽을 수 있는 것은 아니다. 전체적인 의미를 빠른 시간에 파악하는 속독을 하면 아무래도 세세한 부분은 넘겨버릴 수밖에 없다. 실제로 읽지 않고 넘어가는 부분이 생기게 된다. 게다가 세상에는 빨리 읽을 수 있는 책들만 있는 것이 아니다. 전문적인 서적을 속독으로 읽을 수는 없다. 전문서적은 생각하고 분석하며 읽어야 의미를 정확하게 이해할 수 있다. 그리고 읽은 내용을 머릿속에 기억해내고 어느 정도 정리해낼 수 있어야 하는데, 속독으로는 한계가 있다. 전공서적과 학술논문 등 고도의 집중력이 요구되는 전문서적은 물론, 셰익스피어의 『맥베스』 같은 진지하게 생각하며 읽어야 할 문학작품을 읽는 데에 속독은 어울리지 않는다.

"내일과 또 내일과 그리고 또 내일은 이렇게 옹졸한 걸음으로 하루, 하루, 기록된 시간의 최후까지 기어가고, 우리 모든 지난날은 바보들의 죽음을 향한 길을 밝혀주었다. 꺼져라, 짧은 촛불! 인생이란 그림자가 걷는 것, 배우처럼 무대에서 한동안 활개치고 안달하다 사라져버리는 것, 백치가 지껄이는 이야기처럼 소음, 광기 가득하나 의미는 전혀 없다."

맥베스가 자살한 부인을 부둥켜안으며 통곡하는 대사다. 읽고 또 읽어야 단어에 담긴 숨은 뜻과 등장인물이 처한 상황을 헤아릴 수 있는 문장들이다. 만약 이 대사를 속독으로 가볍게 읽고 넘어간다면 맥베스의 고뇌와 셰익스피어 문학의 위대함을 깨닫기는 쉽지 않을 것이다.

하지만 속독이 가능한 경우도 많다. 바로 가볍게 읽을 수 있는 책을 대할 때이다. 또 비슷한 종류의 여러 책을 읽는 경우에 어느 책에서나 반복되는 내용이 있는데, 이 부분은 굳이 완벽히 읽지 않아도 되므로 속독으로 읽는 것이 효율적이다.

그럼에도 불구하고 나는 속독법을 널리 권장하고 싶지는 않다. 책을 자주 읽지 않는 사람이라면 남들에게 쉬운 책도 어렵게 느껴질 수 있다. 초보자에게 속독은 무용지물이 될 수 있는데, 어느 정도 독서를 많이 한 사람이라면 자연스레 책을 빨리 읽는 능력이 생긴다. 실제로 어렸을 때부터 책 읽기가 습관화되어 있는 학생들은 자연스레 독서 속도가 빨라진다. 책을 많이 읽은 학생들의 대부분은 국어 성적이 좋은데, 글에 대해 빨리 이해하기 때문이다. 노명완 교수님 역시 미국 일리노이대학에서 공부하면서 속독법이 허상이라는 사실을 깨달았다고 한다.

내 아내의 경우도 책을 빨리 읽는 편이다. 어릴 적부터 책을 좋아해서 집중력과 이해력이 향상되었기 때문이다. 다른 사람들보다 훨씬 빨리 읽을 수 있는 것은 텍스트에 익숙해졌기 때문이다. 아내가 책을 읽는 것을 보면 특별한 기술이 있는 것 같지는 않다. 하지만 아내는 중요한 단어나 문장을 보는 순간 그 뜻을 좀 더 빨리 이해한다. 실제로 미국 독서학회의 연구에 따르면, 읽기에 서투른 독자는 능숙한 독자보다 단어 하나에 매달리는 시간이 길다. 결국 어휘력과 배경지식이 뛰어나야 책을 빨리 읽을 수 있는데, 이것저것 많이 읽어보는 것이 결정적으로 도움이 된다는 것을 알 수 있다.

'훑어 읽기'와 '거꾸로 훑어 읽기'

책을 빨리 읽는 방법을 소개하는 책 중에는 건너뛰며 읽는 '훑어 읽기'를 대단한 방법인 양 설명하는 경우가 많다. 하지만 자세히 살펴보면 대단한 비법은 아니다. 이 방법은 다음과 같다.

먼저 목차를 읽는다. 그리고 도입부분과 맺음말을 주의 깊게 읽어서 대략적인 내용을 파악하고 중간부분은 건너뛰며 읽는다. 그러다가 특별히 재미있을 것 같은 장이 등장하면 그곳만 꼼꼼히 읽는다. 하나도 안 읽는 것보다는 대강 읽어두면 도움이 된다.

경제경영서 중에서 두괄식으로 서술되고 중간 제목이 많은 책은 충분히 이런 방식으로 읽어낼 수 있다. 재레드 다이아몬드(Jared Diamond)의 『총·균·쇠』나 폴 케네디(Paul Michael

Kennedy)의『강대국의 흥망』의 경우에는 책 전체의 구성을 알 수 있도록 서문에 각 장의 내용이 상세히 설명되어 있다.

언젠가『총·균·쇠』를 읽다가 궁금한 내용이 있어서 인터넷을 검색했던 적이 있다. 그러다 네티즌 하나가 저자의 논조를 호되게 비판하는 글을 발견했다. 그 네티즌의 지적이 아주 틀렸다고 보기는 어렵지만 수긍하기는 힘들었다. 저자가 이미 자신의 논조에 대해 오해할 수 있는 부분에 관해 서문에 충분히 설명해 놓았기 때문이었다. 아마 그 네티즌은 서문을 읽지 않고 지나간 모양이었다. 나 역시 시간이 없는 경우에는 서문을 건너뛰고 본론부터 읽는 편이다. 그러나 700~800페이지가량의 책을 읽을 때는 서문을 통해 앞으로 전개될 내용을 꼼꼼히 파악해 두는 것이 필요하다. 책의 전체 얼개를 파악하는 데 도움이 될 것이다.

'훑어 읽기'는 가볍게 읽을 수 있는 책을 읽을 때도 유용하기는 하지만 '거꾸로 훑어 읽기'가 필요한 경우도 있다. 나는 이 방법을 폴 케네디의『강대국의 흥망』처럼 방대한 분량의 책을 읽을 때 주로 사용한다. 저자 폴 케네디는 우리나라 정부에서도 국제 정세에 대한 자문을 구할 정도로 영향력이 있는 인물이다. 그런데 나는 세계사를 제대로 공부한 적이 없다 보니 이 책에서 합스부르크 왕조가 등장하는 유럽의 역사가 너무 생소했다. 그래서 맨 뒤에 있는 근현대 시대부터 읽고 다시 거꾸로 제1차,

제2차 세계대전과 산업혁명 시대를 읽어나가는 방식을 취했다.

이렇게 읽으니 현재의 독일이 합스부르크 왕조와 통합되기 전의 모습과 유럽의 중세사까지 자연스럽게 이해할 수 있었다. 이처럼 책을 읽는 독자의 사전지식 또는 취향에 따라 '거꾸로 훑어 읽기'가 필요한 경우도 있다. 한영우의『다시 찾는 우리 역사』, 새뮤얼 헌팅턴의『문명의 충돌』, 제레미 리프킨의『노동의 종말』, 홍익희의『유대인 이야기』등은 거꾸로 훑어 읽기가 가능한 책이다. 관심 있거나 알고 있는 부분부터 읽고, 모르는 부분을 나중에 읽더라도 전체 흐름을 놓치지 않고 읽을 수 있다.

동시에 여러 권 읽는 멀티 독서

책을 빨리 읽기 위해서는 속도가 중요한데, 그보다 중요한 것은 여러 권을 동시에 읽는 것이다. 처음 책을 접할 때는 한 권을 읽은 후에야 다음 책을 읽었다. 그런데 어려운 책을 연달아 읽으면 능률이 오르지 않았다. 내용이 비슷한 책을 연달아 읽은 경우에는 내용이 혼동되어 나중에는 아무런 내용도 기억나지 않았다. 그러다가 어려운 책과 가벼운 책을 섞어 읽는 것이 효과적임을 깨닫게 되었다. 집중력을 발휘해 책을 읽느라 머리가 아프면 가벼운 소설로 머리를 식힐 수 있는 것이다. 반대로 가벼운 연애소설을 읽었다면 묵직한 비문학 서적을 읽는 것이 좋다.

사실 여러 권을 동시에 읽는 멀티 독서는 독서생활을 하는 데 필요한 경우가 많다. 책 한 권을 읽는 데 짧게는 일주일에서 몇 달이 걸릴 수도 있는데, 한 권에만 너무 매달리게 되면 정작 봐야 할 다른 책을 읽을 수 없다. 나는 많을 때는 10권을 동시에 읽곤 한다. 중반까지 여러 권을 읽다가 후반으로 넘어가면서부터 한 권씩 독서를 마친다. 그러면서 새로운 책을 또 손에 쥔다. 이런 경우 2권 이상의 장편소설과 1권짜리 책을 섞어 읽는 방법도 좋고, 매달 관심 있는 분야와 관련된 책을 한 권 이상씩 섞어 읽는 방법도 좋다. 한 번에 끝까지 읽을 필요가 없는 책이라면 하루에 조금씩 읽는 방법도 좋다. 최근에는 전자책도 신간으로 많이 나와 있으니 한 달에 한 권 정도는 전자책으로 읽는 것도 좋다. 특히 두께를 보고 엄두도 못 냈던 종이책이라면, 전자책으로 두께의 압박을 이겨낼 수도 있다.

언젠가 스티브 잡스가 사망한 뒤 출간되어 베스트셀러가 되었던 월터 아이작슨(Walter Isaacson)의 『스티브 잡스』를 전자책으로 구매했던 적이 있다. 분량이 꽤 많은 것 같아서 쉽게 열어보지 못한 채 사두기만 하고 한동안 잊고 있었다. 어느 날 출근길에 차가 고장 났다. 자가용을 운전할 때는 가방을 들고 다니지 않는 편이라 정비소에 맡기고 나니 손에는 스마트폰밖에 없었다. 때마침 예전에 구매해 둔 『스티브 잡스』가 떠올랐다. 요즘은 스마트폰의 화면이 커져서 전자책을 읽기에 크게 불편하지 않다. 오히려 한 페이지에 담긴 글이 많지 않아 한 장 한 장 넘기는 속도가 빨라서 좋다. 『스티브 잡스』를 스마트폰으로 틈틈이 읽다 보니 그 두꺼운 책을 모두 읽을 수 있었다.

지식의 날개를 넓히는 파생 독서

직장 동료들과 '고전 읽기의 즐거움'이라는 모임 활동을 오랫동안 한 적이 있다. 책을 소재로 한 연극이나 뮤지컬이 있으면 그 공연도 함께 보았다. 그때 본 뮤지컬 중에 '모비 딕'이 있었다. 우리나라 창작 뮤지컬이었는데, 허먼 멜빌(Herman Melville)의 『모비 딕』을 원작으로 악기가 등장하는 액터-뮤지션 뮤지컬이었다. 내가 본 것은 LG아트센터에서 공연된 초연이었다. 이 작품을 통해 고전을 원작으로 한 연극에 강한 호기심을 느끼게 되었다. 그리고 희곡 원작들을 탐독하게 되었다. 『서푼짜리 오페라』, 『고도를 기다리며』 같은 원작을 읽으니 연극을 보는 재미가 더 쏠쏠했다. 희곡 원작들은 읽는 시간도 얼마 걸리지 않는다. 두께도 150페이지 내외여서 2시간 내외로 충분히 읽을 수 있다.

그런데 고전에서 모티브를 얻은 연극과 뮤지컬은 생각보다 많다. 두 쌍의 남녀가 엇갈린 사랑을 하는 '미라클'이라는 뮤지컬이 있다. 미라클 병원에서 식물인간으로 죽어가는 환자와 그를 살리려는 간호사의 이야기인데, 보는 내내 익숙한 이야기처럼 느껴졌다. 마침내 4명의 주인공이 함께 춤을 추는데, 한 남자가 말머리 인형을 머리에 쓰는 장면이 등장했다. 그 장면을 보자 셰익스피어의 『한여름 밤의 꿈』이 떠올랐다. 무식하고 천한 아테네의 직공인 바텀이 퍼크의 장난으로 당나귀 머리로 변한 사이에 티타니아 여왕의 사랑을 받게 되는 장면에서 차용한 것이다. '미라클'의 주인공 4명은 『한여름 밤의 꿈』에 등장하는 라이센더와 허미아, 드미트리우스와 헬레나를 현대적으로 재구성한 인물이었던 것이다.

문학작품을 읽고 연극을 보면 원작의 감동을 다시금 느낄 수 있는 복습 효과가 있다. 원작을 읽고 연극을 함께 보면 한동안은 그 작품에 빠져 사는 호사를 누릴 수 있다. 그런 감상이 누적되면 가볍게 지나치던 희곡의 대사나 소설의 문장이 훨씬 더 가슴 깊이 다가온다. 사실 연극의 내용은 대개 비슷비슷해서 장면은 기억되지만 대사는 쉽게 잊힌다. 연극을 보기 전이나 후에 원작을 통해 대사의 의미를 음미하면 몰입도가 높아진다.

『독서의 기술』을 쓴 모티머 애들러(Mortimer Jerome Adler)는 이처럼 한 권의 책에서 관심을 끄는 테마를 발전시켜 다른 책과 비교해 읽는 독서방법을 파생 독서(Syntopical reading)라고 설명한다. 이러한 파생 독서는 원작이 있는 영화나 연극, 뮤지컬 등을 볼 때, 비슷한 주제를 다루는 책들을 여러 권 읽을 때 활용될 수 있다.

번역서라면 올바른 번역본을 골라야 한다

책을 빨리 읽으면 보다 많은 책을 읽을 수도 있다. 그러다 보면 대충 읽게 되는데, 그렇다면 천천히 읽어야만 이해가 잘되는 걸까? 천천히 읽어도 이해하지 못하는 경우도 있는 것 같다.

학창시절에 영어공부를 하려면 원어로 된 소설 한 권쯤은 읽어야 한다는 선배들의 말에 『위대한 개츠비』를 원서로 읽은 적이 있다. 『위대한 개츠비』의 책 표지에는 영어로 쓰인 3대 걸작이라고 소개되어 있었다. 분량도 두껍지 않았다. 이 책을 몇 달에 걸쳐 꼼꼼히 읽었다. 한쪽에 한글 번역문이 있는 시사영어

사에서 출간한 영한대역문고였는데, 영어사전을 꼼꼼히 찾아보면서 영어 원문을 읽어보았지만 도무지 이해할 수 없었다. 이 책은 아홉 챕터로 구성되어 있었는데, 한 챕터를 읽는 데에 몇 주가 걸렸다. 나중에는 한글만 읽었는데도 개츠비라는 인물을 이해할 수 없었다. 결국 모두 읽었지만 왜 개츠비가 위대한지 알 수 없었다. 게다가 이 책을 읽은 뒤에도 영어 실력은 크게 늘지 않았다.

나는 왜 쓸모없는 독서를 했을까? 단순히 책이 얇다는 이유만으로 옛 애인에 대한 사랑과 신분상승의 욕망 등 복잡한 내용을 담은 작품에 덤벼들었으니, 시간만 낭비한 셈이다.

『위대한 개츠비』에 대해 첨언을 하자면 나는 나중에 이 책의 한글판 완역본을 읽었다. 그런데 이 책은 영한대역문고를 볼 때와 마찬가지로 읽기에 힘들었다. 얼마 후 김영하 작가님이 문학동네 세계문학전집의 『위대한 개츠비』를 번역하면서 그 이유를 알게 되었다. 김영하 작가님은 역자 후기에 이 위대한 작품을 아직까지 제대로 번역한 책이 하나도 없다는 안타까움을 토로했다. 그러면서 작가님이 내세운 번역은 젊은 개츠비였다.

얼마 후 레오나르도 디카프리오가 주연을 맡은 영화가 개봉했다. 나는 이 영화를 보는 김에 시중에 있는 주요 출판사의 번역본을 모두 읽어보았다. 여러 번역본을 읽어보면서 번역서들의 차이를 실감할 수 있었다. 앞서 소개한 김영하 작가님의 『위대한 개츠비』는 실제로 주인공 닉 캐러웨이와 개츠비가 서로 반말을 하는 것으로 번역해서 매우 신선했다. 다만 소설가적 해석을 곁들인 번역으로 원작의 느낌을 다소 훼손한 것이 아쉬웠다.

교과서가 가르쳐주지 않는 지식을 얻기 위해

얼마 전부터 유대인식 토론 방식인 하브루타가 주목받고 있다. 유대인들은 둘씩 짝지어 토론하는데, 이 방식을 하브루타라고 한다. 그런데 유대인들은 하브루타를 할 때 유대인의 경전인 『토라』와 『탈무드』를 반복해서 읽는다. 어린이는 어린이용을, 성인은 성인용을 읽고 온 가족이 토론하는 것이다. 나이가 들어감에 따라 어린이는 점차 원전에 가까운 『토라』와 『탈무드』를 읽게 된다. 동일한 내용이지만 나이가 들수록 난이도가 높은 텍스트를 읽으면서 사유도 깊어지는 것이다. 유대인들의 이러한 독서습관을 통해 우리는 이른 시기부터 독서를 하는 것이 중요하다는 것을 깨달을 수 있다.

요즘은 좋은 독서교육 프로그램이 많이 있으니 독서하기 좋은 세상이 된 것 같다. 초등학생 때부터 열심히 책을 읽다 보면 배경지식이 풍부해져 자연스럽게 책 읽는 속도가 빨라진다.『논어』를 예로 들면, 어린이용 도서를 먼저 읽은 후 청소년용과 성인용을 읽어나가면 독서의 깊이도 생기고 어른들과 독서토론도 할 수 있다.

그런데 우리나라 청소년들은 대학입시 때까지 책을 읽지 않는다. 입시가 끝나고 시간이 나서 뒤늦게나마 책을 읽으려고 서점에 가보면, 세상에는 책이 무수하게 많다는 것을 알게 된다. 그리고 많은 책들이 옛날 사람들이 쓴 책을 바탕으로 쓰여진 것임을 알고 놀라고 만다. 가령『시골빵집에서 자본주의를 읽다』에서는 마르크스의『자본론』이 인용되었고, EBS 특집 다큐멘터리를 책으로 펴낸『자본주의』에서는 케인즈(John Maynard Keynes)와 하이에크(Friedrich Hayek)의 이론이 인용되었다. 하지만 청소년들이 봐왔던 교과서에는 그런 사상가들의 업적과 사상에 대해 자세히 설명되어 있지 않다.

대학에 들어가서 경제학과 관련된 교양수업을 들으면 마르크스와 케인즈, 하이에크 등에 대해 공부한다. 정답을 고르는 시험에만 익숙해졌던 청소년은 대학생이 되면 다양한 지식과 접하게 된다. 대학 수업에서는 마르크스가 왜 자본주의에 대해 한계를 느끼게 되었는지, 케인즈와 하이에크는 왜 서로 다른 주장을 펼쳤는지를 공부하는데, 학점을 잘 받으려면 경제학의 역사를 한 권으로 담아낸 수업교재뿐만 아니라 마르크스의 『자본론』 등 여러 경제학자들의 책을 꼬리에 꼬리를 물고 읽어야 한다. 또 경우에 따라서는 자본주의의 문제를 다룬 카프카의 『변신』 등 문학작품도 읽어야 한다. 이처럼 대학 교육, 특히 인문사회 계열의 대학 교육은 우리가 사는 사회와 인간의 문제 등을 이해하기 위해서는 다양한 책을 읽으라고 요구한다.

이러한 대학 교육이 중고등학교에서도 이루어진다면 얼마나 좋을까? 우리나라 청소년들은 입시 때문에 정작 중요한 책 읽기와 멀어지게 되었다. 그리고 대학에 들어가서 뒤늦게 책 읽기를 다시 시작해야 한다.

여하튼 우리 청소년들은 단편적인 지식을 담아낸 교과서로는 폭넓은 지식을 쌓을 수 없는데, 수학능력시험과 논술 등을 준비하기 위해서도 주요 인물에 관한 책은 읽어두는 것이 좋다. 예를 들어 니컬러스 웝숏의 『케인스 하이에크』는 세계 경제와 정치 지형을 바꾼 두 학자의 이야기를 흥미롭게 다루어서 재미있게 읽을 수 있는 책이다. 사르트르나 까뮈 등의 작품 역시 한 번쯤은 읽어볼 필요가 있다. 논술이나 구술을 준비한다면 사르트르와 까뮈의 작품을 읽어야 실존주의를 정확히 이해할 수 있기 때문이다. 한국 문학으로는 『열하일기』, 『난중일기』, 『삼국유사』, 『상록수』 등의 작품 정도는 읽을 필요가 있다.

10

양보다 질, 나는 한 권만 제대로 읽는다

이성이 수학의 본질이자 근원인 것처럼
모든 것을 이성으로 이해하고 계산하여
가장 합리적으로 판단한다면,
시간이 지나면 누구나 저절로 모든 기술을 익힐 수 있다.
–다니엘 디포의 『로빈슨 크루소』 중에서

독서력을 크게 향상시키는 슬로리딩

몇 년 전에 EBS 다큐멘터리 제작팀이 국내에 슬로리딩(Slow Reading)을 소개하기 위해 도움을 요청해 온 일이 있었다. EBS 자문위원 중에는 마침 한우리열린교육과 함께 NRI독서종합검사를 개발하셨던 경인교대의 정혜승 교수님이 계셨는데, 교수님이 방송작가님에게 슬로리딩의 성과를 NRI독서종합검사로 평가할 수 있을 것이라고 추천하신 것이었다. 슬로리딩은 천천히 책의 구절을 음미하며 읽는 행위를 일컫는다. 책을 여러 방식으로 물고 뜯고 씹어보는 행위, 즉 오감을 통해 깊이 읽는 것이 슬로리딩이다.

'슬로리딩'은 일본의 교사인 하시모토 다케시가 지금으로부터 30여 년 전에 처음 만들었다. 그는 슬로리딩으로 수업을 진행해 평범했던 일본 고베 시 나다 중·고등학교를 명문학교로 바꾸었다. 하시모토 다케시에게 슬로리딩 수업을 받았던 제자들은 현재 일본의 문화 예술계, 학계, 법조계의 유명 인사들이 되었다. 그들은 입을 모아 슬로리딩 덕분에 자신이 성장할 수 있었다고 말한다.

그의 제자들은 중학교 3년 내내 국어 시간에 일본 소설 『은수저(銀の匙)』한 권만 파고드는 방식의 수업으로 일본의 주요 명문대에 진학했다. 그들이 읽은 『은수저』는 나카 간스케(1885~1965)가 자신에게 무한한 사랑을 베풀어준 이모에 대한 애틋한 기억을 중심으로 자신의 소년기를 그려낸 자전적 소설이다.

하시모토 다케시는 "노는 게 곧 배우는 것"이라는 원칙 아래 학습자의 지식 폭을 넓히고 독서에 대한 관심을 불러일으키는 것이 슬로리딩의 목표라고 말한다. 그가 말하는 슬로리딩은 책 속의 본문에 나오는 게임을 실제로 해보거나 문장 속의 어구 하나를 자세히 알아보는 등 한 권의 책을 '느리고 깊게' 읽는 방식이다. 이때 핵심은 '즐거움'이다. 하시모토는 그 즐거움을 이렇게 설명한다.

"예를 들어『은수저』전편 13장에는 '막과자'란 주전부리가 등장하는데요. 슬로리딩 수업에선 막과자와 관련된 자료를 다양하게 조사하고 실제로 구해 먹어보며, 작품 속에 막과자가 등장한 배경을 다함께 생각해 봅니다. 또『은수저』는 전편 53장, 후편 22장으로 구성되어 있지만 제목은 따로 붙어 있지 않거든요. 이 점에 착안해, 학생들과 '각 장의 제목 달아보기' 활동을 진행했어요."

방송을 진행하기에 앞서 학생들에게 어떤 책을 읽힐까를 놓고 여러 의견이 있었지만 EBS 방송국에서는 학생들이 초등학생임을 감안해 박완서 작가님의『그 많던 싱아는 누가 다 먹었을까』를 선택했다.

EBS 다큐멘터리 제작팀은 한우리열린교육에 초등학교 5학년 3개 반을 섭외해 줄 것, 슬로리딩을 한 뒤 독서능력이 향상되느냐의 여부를 NRI독서종합검사로 평가해 줄 것을 부탁했다. 그 결과 만들어진 방송이 바로 EBS 다큐프라임 '슬로리딩-생각을 키우는 힘'(2014)이었다. 실제로 용인 성서초등학교에서 3명의 교사가 5학년 학생 약 60여 명을 대상으로 실험에 참여했다. 이 방송은 슬로리딩을 위한 책으로 박완서 작가님의『그 많던 싱아는 누가 다 먹었을까』를 선정하여 약 한 학기 동안 실험을 진행한 내용을 담았다.

수업 방식은 그때그때 달랐다. 교사가 책을 읽으면서 배경지식을 설명할 때도 있었지만, '끊어 읽기' 혹은 '소리 내면서 귀로 들어 외우기' 등 책을 깊이 있게 읽는 방법에 대해 가르치기도 했다. 아이들은 자신들의 생각을 스스로 발표하고, 다른 사람의 발표를 들으면서 자신의 의견과 어떻게 다른지를 이해하는 방식으로 수업에 참여했다. 또한 책에서 발견한 단어를 활용하여 글을 쓰거나 영상을 만들어보고, 작품의 시대상황과 관련된 영화를 보거나, 책에 나오는 음식을 요리해 보고, 책 속의 장소에 직접 다녀오는 체험학습 등을 하도록 했다. 이러한 자유로운 학습방법을 통해 아이들은 책에 등장하는 소재나 도구에 자발적으로 관심을 갖게 되었다.

자발적인 관심이 생기자 스스로 노래를 만들거나 UCC를 만들고, 만화를 그리는 등 적극적인 창작활동으로 이어지게 되었다. 아이들은 한 학기를 마무리하면서 『그 많던 싱아는 누가 다 먹었을까』를 읽고 진행했던 결과물들을 전시하기도 하였다. 슬로리딩에 참여한 아이들에게 참여한 소감을 물어보니 예전보다 책에 대한 흥미가 높아지면서 스스로 과제를 찾아서 해결하게 되었다고 대답했다. 어떤 학생은 읽다가 궁금한 부분이 나오면 다른 책을 좀 더 찾아보았는데, 그 과정이 즐거웠다고 대답했다.

그렇다면 학생들의 독서력은 실제로 늘었을까? 정확한 검증을 위해 슬로리딩 수업을 시작하기 전인 4월과 수업이 끝난 8월에 NRI독서종합검사를 시행하였다. 그 결과 슬로리딩 수업을 마친 8월에 실시한 검사에서 '우수'한 학생 수는 4월보다 늘어난 반면, '보통'과 '노력 요함'에 해당하는 학생 수는 줄어들었다. 상세한 내용은 다음과 같다.

NRI독서종합검사 결과 그래프

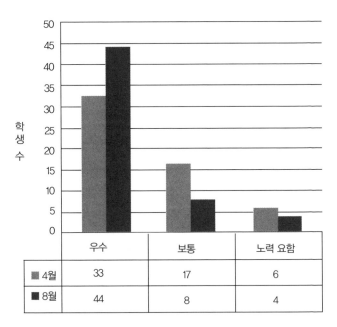

	우수	보통	노력 요함
■ 4월	33	17	6
■ 8월	44	8	4

학급별 NRI독서종합검사 결과 요약

구분	평가월		성과	구분	평가월		성과	구분	평가월		성과
1반	4월	8월	증감	2반	4월	8월	증감	3반	4월	8월	증감
평균 점수	74.0	76.4	2.4점	평균 점수	65.6	70.6	5.1점	평균 점수	66.0	70.3	4.3점
우수	13	16	3명	우수	9	14	5명	우수	11	14	3명
보통	3	1	-2명	보통	8	4	-4명	보통	6	3	-3명
노력 요함	1	0	-1명	노력 요함	2	1	-1명	노력 요함	3	3	0명
학생 수	17	17		학생 수	19	19		학생 수	20	20	

이처럼 NRI독서종합검사를 통해 아이들의 독서력이 향상되었다는 사실을 확인할 수 있었다. 주목할 점은 보통 이하 수준의 독서력을 보유하고 있던 많은 학생들이 보통 이상으로 향상된 것이다. 세 반 모두 '보통'이나 '노력 요함' 단계의 학생이 줄어든 반면 '우수' 단계의 학생은 눈에 띄게 증가했다. 슬로리딩 수업 전에는 1반만 평균점수가 70점이 넘었는데 슬로리딩 수업을 한 이후에는 세 반이 모두 70점을 넘었다는 점도 흥미롭다.

슬로리딩 수업이 끝난 뒤 학부모들은 아이들의 표현력이 증가되고 스스로 책을 찾아 읽는 점을 높이 평가했다. 예전과 달리 어려운 책에 흥미를 보이며, 조리 있게 말하고 쓸 수 있게 되었다는 점도 긍정적으로 평가했다. 수업을 진행한 교사들은 아이들이 지루하게만 생각하던 국어 수업을 좋아하게 되었다는 점에 가장 만족스러워했다. 발표하는 과정에서 자신의 의견을 적극적으로 표현하고 글쓰기에 자신감이 생겼다는 점도 눈에 띄는 변화로 꼽았다.

슬로리딩은 생각하는 힘을 키워준다

슬로리딩에 참여한 학생들은 다양한 방법을 시도하면서 자신에게 맞는 방법을 스스로 찾아냈다. 그 방법은 저마다 다르지만 방향성만큼은 일치한다. 볼링공에 훅을 넣어 던지건 리프팅으로 던지건 킹핀을 맞추면 스트라이크가 되는 것과 마찬가지다. 학생들에게 공통적으로 나타나는 방향성은 두 가지 특성이 있다. 첫 번째는 깊게 생각할 것, 두 번째는 생각이 꼬리에 꼬리를 물고 이어지게 할 것.

그런데 우리는 책을 읽지 않아도 되는 세상에서 살고 있는지도 모른다. 성공한 사람들 중에 독서가가 많다고는 해도, 독서를 많이 했다고 반드시 성공하는 것은 아니기 때문이다. 실제로 책을 읽지 않고도 사회적으로 엄청난 부와 명예를 누리는 사람이 많다. YG엔터테인먼트의 양현석 대표님은 SBS '힐링캠프'에 출연하면서 "책을 반 페이지만 읽어도 글자가 춤을 추기 때문에 태어나서 책을 한 권도 읽지 못했다"고 말하지 않았던가.

그럼에도 불구하고 우리에게는 책이 필요하다. 살아가기 위해 책을 꼭 읽어야 하는 것은 아니지만 '잘' 살아가기 위해서는 책을 읽는 것이 좋다. 『책은 도끼다』로 유명한 광고회사 TBWA 코리아의 박웅현 크리에이티브 대표님은 이렇게 말했다.

"인문이 왜 중요하냐? 우리 삶을 풍요롭게 만들어주니까 중요한 거죠. 어느 라디오 방송에서 '인문학을 하면 밥이 나옵니까?'라는 짓궂은 질문을 받은 적이 있습니다. 그래서 제가 했던 답이 뭐냐 하면 '인문학을 해서 밥이 나오는 직업도 있고 그렇지 않은 직업도 있다. 근데 한 가지 확실한 사실은 인문학을 하면 밥이 맛있어진다'였습니다. 그러니까 인문적인 촉수가 생긴 사람들은 똑같은 24시간을 더 풍요롭게 산다는 얘기거든요."

다시 슬로리딩 이야기로 돌아가자. 슬로리딩을 통해 하나의 주제에 집중하다 보면 새로운 생각이 꼬리에 꼬리를 물고 이어지게 된다. 책을 읽으며 스스로 다양한 생각을 하게 만들어 꼬리에 꼬리를 무는 질문을 쏟아내게 한다. 그 과정에서 생각의 힘이 길러진다. 그 결과 슬로리딩을 하는 사람은 스스로 알아서 해답을 찾게 된다. 그러다 보니 독서든 공부든 스스로 하게 된다.

그렇다면 모든 책을 슬로리딩으로 읽어야 할까? 그렇지는 않을 것이다. 가볍게 읽을 수 있는 만화책이나 대중소설을 그렇게 읽을 필요는 없을 것이다. 하지만 천천히 생각하며 읽어야 할 책이라면 슬로리딩이 적합할 것이다. 저자의 사유가 깊고 넓게 펼쳐지는 인문사회과학서나 단어 하나마다 깊은 울림이 있는 고전문학작품이라면 슬로리딩으로 읽는 것이 바람직할 것이다.

고전 한 권 제대로 읽기,
책 백 권 대충 읽기보다 낫다

언젠가 푸페이룽의 『노자를 읽고 장자에게 배운다』라는 책과 이나모리 가즈오의 『왜 일하는가』를 동시에 읽은 적이 있다. 노자와 장자는 무위자연을 주장하는 중국의 대표 사상가들이다. 반면에 이나모리 가즈오 회장은 '교세라'라는 기업을 일군 일본의 대표적인 경영자이다. 여하튼 두 책의 주장은 완전히 상반되었다.

노자와 장자는 어차피 흙으로 돌아갈 인생에서 일은 열심히 해서 무슨 소용이 있겠느냐고 주장했다. 반면에 가즈오 회장은 노력하지 않으면 살아남을 수 없다고 주장했다. 견해가 달라도 너무 달랐다. 그렇다면 이나모리 가즈오는 새 시대의 사상이고 노자나 장자는 구시대의 사상인가? 이나모리 가즈오가 옳고 노자나 장자의 생각은 그른 것인가? 그렇지는 않다. 장자의 『장자(莊子)』와 노자의 『도덕경(道德經)』은 시대를 뛰어넘어 오늘날의 우리에게 지혜를 건네주는 고전이다. 오랫동안 많은 사람에게 널리 읽히고 모범이 될 만한 책을 고전(古典)이라고 하는데, 고전은 오늘날의 우리에게 삶의 지혜와 처세 등을 가르쳐주기도 한다.

고전은 문화권에 따라 크게 동양고전과 서양고전으로 나눌 수 있다. 우선 동양고전에 대해 알아본다면, 동양고전은 중국과 우리나라, 일본 등 동양에서 살았던 사상가들이 남긴 고전이다. 그리고 오늘날까지 우리가 주로 읽고 있는 동양고전은 중국 춘추전국시대의 제자백가가 남긴 책들이다.

제자백가는 기원전 5세기 이후에 중국에서 생겨난 다수의 사상가들을 일컫는다. '제자백가'란 공자와 맹자 등 '학자'로 불리는 선생들이 백여 명이나 된다는 뜻이다. 이처럼 춘추전국시대에 많은 학자들이 다양한 사상을 내놓게 된 이유는 당시에 정치적으로 혼란했고, 이러한 시대를 살아가기 위한 방법을 학자들마다 서로 다르게 내놓았기 때문이다. 그 결과 유가와 묵가, 도가 등 다양한 사상이 나올 수 있었고, 중국의 왕을 비롯한 많은 정치가들은 이러한 사상들을 정치적 목적에 따라 채택하였다.

앞에서 나는 『노자를 읽고 장자에게 배운다』라는 책과 이나모리 가즈오의 『왜 일하는가』라는 책이 서로 상반된다고 말했다. 그러나 어느 책의 주장이 옳다고 말할 수는 없다. 노자와 장자의 사상이 담긴 책은 살아가는 데 필요한 지혜를 건네줄 수 있으므로 그 나름대로 좋은 책이고, 이나모리 가즈오 회장의 책은 사업이든 일이든 하고자 하는 일을 성공적으로 하는 데 도움이 되는 말들을 담고 있다.

이와 마찬가지로 서로 다른 사상을 펼치는 제자백가의 책들에 대해 어느 것이 옳고 그르다고 단정 지을 수는 없다. 예를 들어 다른 누군가에게는 불필요한 『장자』가 다른 누군가에게는 유용한 책이 될 수도 있다. 그럼으로 고전의 가치는 개개인의 필요에 따라 결정된다고 할 수 있다. 우리 개개인에게 공자의 『논어』가 필요하면 그 책을 읽으면 되고, 장자의 『장자』가 필요하다면 그 책을 읽으면 된다.

이제 서양고전에 대해 알아보자. 동양과 마찬가지로 서양에도 오래전부터 삶의 궁극적인 목적에 대해 탐구하는 철학자들이 있었다. 철학자는 영어로 'philosopher'인데, 지혜(sophia)를 사랑(philia)하는 사람이라는 뜻이다. 그런데 서양철학을 이야기할 때 빼놓을 수 없는 두 철학자가 있다. 바로 플라톤(Plato)과 아리스토텔레스(Aristoteles)이다. 두 철학자는 고대 그리스 사상을 대표하는 철학자인데, 플라톤은 소크라테스(Socrates)의 제자이고 아리스토텔레스의 스승이다.

그런데 플라톤과 아리스토텔레스는 스승과 제자 관계이기는 하지만 서로 주장하는 바가 달랐다. 플라톤의 사상은 형이상학적이고 아리스토텔레스의 사상은 형이하학적이다. 그리고 이들의 사상은 중세와 근대, 현대에 이르기까지 서양의 정치와 문화, 예술 등에 많은 영향을 끼쳤다.

예를 들어 플라톤은 인간에게 내재되어 있는 세 요소 중에서 어떤 요소가 우세한지에 따라 각각 지식, 재물, 명예를 추구하는 인간으로 성장하게 된다는 영혼론을 펼친 바 있다. 그리고 이러한 영혼론은 프랭크 바움(Lyman Frank Baum)의 『오즈의 마법사』에 반영되어 있다. 서영식 교수님은 『청춘의 철학』에서 다음과 같이 말했다.

"이 동화가 독자들에게 제시하는 것 중 한 가지는 '자기를 찾아 떠나는 여행이며, 고행 끝에 이룬 자기발견'의 중요성이다. 여주인공 도로시와 강아지 토토는 태풍에 날려 낯선 도시에 떨어진 후, 집으로 돌아가기 위해 에메랄드 시티의 마법사 오즈를 찾아가게 된다. 도중에 허수아비, 사자, 양철나무꾼 등을 만나게 된다. 그런데 이들은 모두 결핍된 존재로서 자신이 인생에서 무언가 중요한 것을 갖추지 못하고 있다는 근심에 사로잡혀 있다. 허수아비는 자신을 무식한 바보로 여기며, 정상적인 두뇌를 갖고 이를 통해 지혜롭게 행동하기를 갈망한다. 사자는 큰 덩치와는 달리 낯선 상대를 보고 무서워서 포효하는 겁쟁이다. 기껏해야 자기보다 훨씬 작고 약한 강아지 토토를 공격하는 허약한 존재이다. 그는 무엇보다 용기와 기개를 가지고 이 세상에서 진정한 왕자로 군림하고 싶어 한다. 마지막으로 양철나무꾼은 스스로를 한 방울의 감정도 남아 있지 않은 무감정의 소유자라고 여기며, 누군가를 사랑하고 누군가에게 사랑받을 수 있는 따뜻한 마음을 갈구한다. 그런데 등장인물들은 사실 우리 인간 모두가 어느 정도는 공통으로 갖추고 있으면서도 끊임없이 갈망하는 바를 상징한다. 즉 세 등장인물은 자신이 원하는 바를 이미 어느 정도 갖추고 있으면서도 단지 이를 깨닫지 못하기에 현실에서 고통을 받고 있을 뿐이다. 등장인물은 플라톤이 영혼론에서 제시한 세 부분, 즉 영혼의 이성, 용기 그리고 욕구(감정)적인 부분을 상징적으로 나타낸다. 이들에게 필요한 것은 바로 '내면으로의 여행을 통한 자신에 대한 올바른 인식'이었던 것이다."

이처럼 플라톤의 사상은 수많은 사상가와 문인들에게 많은 영향을 끼쳤다. 동양고전이든 서양고전이든 고전은 인간과 세상의 근원을 탐구하는데, 고전을 읽으면서 우리는 나 자신뿐만 아니라 삶 그리고 세상을 이해하는 힘을 기를 수 있다.

언젠가 나는 동료 때문에 화가 난 적이 있었는데, 고전을 통해 화를 다스릴 수 있었다. 화를 참아내기 힘들던 차에 마침 아침에 출근할 때 읽던 『세네카의 화 다스리기』에 눈길이 갔다. 이 책의 지은이는 네로의 스승이었던 철학자 루키우스 안나이우스 세네카(Lucius Annaeus Seneca)이다. 책을 펼치니 "누군가 내게 화를 낸다면 오히려 친절함으로 대하라"는 장이 눈에 들어왔다. 화도 식힐 겸 스트레스도 풀 겸해서 이 장의 문장을 타이핑하기 시작했다. 내용은 다음과 같다.

"개미와 쥐는 누가 손만 내밀어도 이빨을 드러낸다. 연약한 생물들은 건드리기만 해도 공격을 당한다고 생각한다. 과거에 상대가 우리에게 베풀어주었던 선행을 떠올리면 화가 조금은 누그러질 것이다. 현재의 기분 나쁜 감정을 과거의 추억으로 상쇄하라. 또한 이번 일을 용서하고 관용을 베풀었을 때 남들에게 큰 신뢰를 줄 수 있다는 점을 기억하라. 더불어 좋은 친구들을 많이 얻을 수도 있을 것이다. 화가 난다고 해서 그 화를 상대의 자손 대대로 향하지 않도록 하라. 누군가를 용서하는 것이 죽기보다 싫다고 느껴질 때는 세상사람 모두가 냉혹해진다면 어떤 좋은 점이 있을지 생각해 보라."

글을 모두 타이핑한 순간 화가 마음속에서 사라지는 것을 느낄 수 있었다. 이처럼 고전은 오늘날을 살아가는 우리에게도 유용하게 다가올 수 있다.

고전은 옛날 옛적 책이라고?
고전에 대한 편견을 버려!

앞에서 나는 2천여 년 이상 지난 책들을 고전으로 소개했다. 그러나 최근에 나온 책도 얼마든지 고전이 될 수 있다. 고전은 원래 '오래된 책'을 뜻하였으며 영어로는 '클래식(classic)'이라고 한다. 클래식은 '예전에 만들어진 것으로 시대를 초월하여 높이 평가되는 문학이나 예술작품을 의미한다. 여기서 우리는 '예전에'라는 말에 주목할 필요가 있는데, 중국의 춘추전국시대나 고대 그리스시대에 쓰여진 작품뿐만 아니라 카프카의 『성』과 톨스토이의 『부활』 등 비교적 최근에 발표된 작품도 고전에 포함된다. 참고로 한국문학에서는 갑오개혁(甲午改革) 이전에 이

루어진 뛰어난 작품을 고전이라고 한다.

근래에는 전 세계적으로 비교적 최근에 나온 책을 고전으로 인정하기도 한다. 우리 사회에서 상당히 오랜 기간 금서목록에 올라 있던 『자본론』 역시 대표적인 고전이다. 유네스코 세계기록유산으로 선정된 1권뿐 아니라 그의 친구 엥겔스가 마저 완성한 2, 3권 역시 남북분단의 우리 현실을 이해하는 데 반드시 필요한 고전이다.

요즘 '적폐청산'이라는 말이 자주 언급되고 있다. 보수 성향의 정부가 집권하면서 좌익이라는 단어를 이용해 편 가르기와 이분법적 사고로 국민을 조종하려 했는데, 이러한 부정행위를 바로잡겠다는 뜻이다. 과거 군사정권 시절에 『자본론』은 금서 중 하나였는데, 이제는 우리가 사는 사회 전체를 편견이나 오해 없이 인식하기 위해 필요한 책 중 하나가 되었다. 마르크스의 『자본론』은 모두 3권으로 이루어져 있는데, 1권 정도는 읽어볼 필요가 있다.

그런데 우리나라에 이 책을 처음 소개할 당시에는 남북분단의 이념이 극에 달했기 때문에 마르크스의 저서를 마음 놓고 번역하기가 어려웠다. 고(故) 김수행 서울대학교 명예교수님은 감옥에 갈 각오를 하고 『자본론』을 번역했다. 여하튼 김수행 교수님 덕분에 우리는 좋은 고전을 접할 수 있게 되었는데, 고전을 번역한 역자의 말 또는 해설서를 읽어보는 것이 좋다. 김수행 교수님의『자본론 공부』나 데이비드 하비(David Harvey)의『맑스 자본강의』같은 해설서를 먼저 읽어보면 원문을 읽는 데에 많은 도움을 받을 수 있다. 어렵게만 느껴지는 원문의 내용이 보다 쉽게 이해될 수 있기 때문이다.

비슷한 이유로 국내에 늦게 소개된 자와할랄 네루(Jawaharlal Nehru)의『세계사 편력』도 현대적인 고전이 아닐까 싶다. 국영수를 공부하느라 바빴던 나는 학창시절에 세계사 공부를 많이 못했다. 하지만 얼마 전부터 우리나라에서도『세계사 편력』이 꾸준히 읽히고 있으므로 다행스러운 일이다. 세계사와 관련된 책은 학창시절에 반드시 읽어야 한다. 어릴 때부터 넓은 식견을 기를 수 있기 때문이다.

『세계사 편력』은 인도의 독립 운동가 네루가 감옥에 수감될 때(1930년 10월 26일부터 1933년 9월 8일까지) 딸에게 보낸 196통의 편지를 묶은 책이다. 서양사 위주의 역사 서술에서 배제당한 서아시아, 동남아시아, 아프리카, 중남아메리카 등의 역사를 균형 있게 다룬 것으로 유명하다. 그래서『세계사 편력』은 아시아 사람들에게 특히 중요한 명저다. 흔히 고대 역사라 하면 로마제국이나 알렉산드로스와 같은 정복자를 먼저 떠올린다. 그러나 로마가 번성할 때 아프리카 해안에는 로마의 강적 카르타고가

버티고 있었으며, 동양에서는 중국이 하나라와 상나라를 거치면서 중앙정부에 기반을 둔 국가를 성립했다. 당시 유럽인들은 지중해 연안을 제외한 중국이나 인도 같은 나라는 마법이 횡행하는 신비의 나라로 생각했다.

이 같은 유럽인들의 사고는 현재까지도 이어져 우리의 역사관과 세계사 서술에 영향을 미치고 있다. 네루는 알렉산드로스를 '대왕'으로 부르고, 아시아에 문명을 전해 준 것만 확대시켜 그의 침략을 정당화하는 유럽 중심의 역사 서술을 비판한다. 할리우드 영화에 노출되어 있는 어린이와 청소년뿐 아니라 어른들에 이르기까지 많은 사람들의 머릿속에는 여전히 서양이 세계의 중심이라는 생각이 자리 잡고 있다.

그런 면에서 네루의 견해는 귀 기울일 만하다. 영국의 속국이었던 인도의 어느 형무소에서 수감 생활을 하던 정치인 네루의 세계관은 지금 보아도 광범위하다. 전 세계에서 미국 영화의 점유율은 50%에 육박한다. 후진국의 경우는 그 수치가 더 높다. 문화식민지라는 말이 틀린 것이 아니다.

네루는 『세계사 편력』이라는 책을 통해 딸 '인디라 간디'의 정신을 계속 깨어 있게 만들고 판단의 기준을 세워주었다. 세상은 돈과 힘이 있는 사람들만 움직이는 것은 아니다. 네루처럼 고민하고 생각하는 사람들이 이끌어간다. 이처럼 좋은 생각이 담긴 고전을 읽을 때 우리는 발전할 수 있다.

독서, 속도보다 방향이 중요하다

요즘 대한민국은 자고 나면 새로운 길이 뚫리고, 철도가 개통되고 있다. 서울에서 강릉까지 1시간 40분 만에 주파하는 KTX가 개통되었으니 속도의 시대에 살고 있다고 해도 과언이 아니다. 하지만 빠르다고 무조건 좋은 것은 아니다. 얼마 전 모 탤런트가 교통사고로 유명을 달리해서 많은 팬들을 안타깝게 했다. 열차 추돌과 차량전복 사고도 뉴스에 끊임없이 등장하고 있다. 동전의 양면처럼 빠르다는 것의 이면에는 위험성이 내포되어 있다. 하물며 300페이지에 가까운 책 한 권을 읽는 데 빠르기만을 강조하는 것은 옳지 않다.

'독서백편의자현(讀書百遍義自見)'이라는 말이 있다. 책을 백 번 읽으면 그 뜻이 저절로 보인다는 말이다. 이 말은 『삼국지』의 '위지 왕숙전 주'에 나오는 말이다.

후한 시대 헌제 때 동우라는 사람이 있었다. 유달리 학문하는 것을 즐거워하여 항상 옆구리에 책을 끼고 다녔다. 젊어서 관직에 나아가지 못해 집안은 가난했지만 불평 없이 초야에 숨어 독서에 힘을 쏟았다. 나이 들어서 높은 경지에 이르러 사람들의 입에 오르내리게 되자, 학문을 좋아하는 헌제가 그를 불러 경서 강론을 부탁하기도 했다. 강론을 들은 헌제는 그의 풍모에 반하여 곧 그를 발탁했다. 관리와 학생들에게 경서를 가르치는 '황문시랑'으로 삼았다. 동우의 명성이 세간에 알려지면서 그의 문하에는 제자가 되기를 희망하는 사람들이 모여들었다. 제자가 되고 싶다고 찾아온 사람들에게 그가 남긴 말이 명언이다.

"내게 배우기를 청하기에 앞서 스스로 책을 읽고 또 읽어 보게. 책을 백 번 읽으면 그 뜻을 저절로 알게 된다네."

살아가는 데에 책의 힘을 빌려본 사람이라면 "인생의 가장 좋은 스승은 책"이라는 말에 공감할 것이다. 책을 보면 밥이 나오나 떡이 나오나 하는 사람도 있고, 무슨 소리인지 도통 이해할 수 없는 책이 너무 많다고 말하는 사람도 있다. 그런 사람들은 어쩌다 읽은 책 한 권에 너무 많은 것을 바라고 있는지도 모르겠다.

기본적으로 책은 천천히 읽는 것이 좋다. 꾸준히 읽다 보면 속도는 자연스럽게 빨라진다. 문제를 많이 풀다 보면 속도가 빨라지는 것과 같은 이치다. 문제의 길이가 길어도 유형이 같으면 빨리 풀린다. 문제를 빨리 풀려면 안구를 왼쪽에서 오른쪽으로 움직이며 지문을 빨리 읽는 연습을 해야 할까? 천만에 말씀이다. 교과서를 완벽하게 숙지하면 문제는 빨리 풀린다. 거울에 비친 빛을 잡으려면 빛이 아닌 거울을 잡아야 하는 것과 마찬가지이다.

그러나 요즘 같은 스마트 시대에 책을 가슴 깊이 천천히 읽는다는 것이 쉬운 일은 아니다. 가뜩이나 바쁜데 책을 천천히 읽으라고 하면 거부감부터 들 것이다. 또 굳이 천천히 읽지 않아도 될 책을 느릿느릿 읽는 것도 바람직하지 않을 것이다. 가령 문학작품 혹은 고전과 달리 경제경영서와 자기계발서 등은 천천히 읽기보다 빨리 읽기가 적합하다.

그렇다고 해서 빨리 읽을 수 있는 책들만 읽어야 할까? 자기계발서 같은 책은 직접적인 해결책과 교훈을 제공하는 경우가 많지만 휘발성 또한 강하다. 반면에 문학작품은 직접적인 해결책을 제시하지 않지만 아버지의 뒷모습처럼 묵묵히 다양한 삶의 표상들을 보여준다. 그래서 문장 하나하나마다 울림이 강하고, 책을 읽고 나서도 여운을 오래도록 남긴다. 따라서 우리는 책에 따라 독서법을 달리하는 것이 바람직하다. 빨리 읽어도 될 책은 빠르게 읽고, 그렇지 않은 책은 천천히 가슴으로 읽어야 할 것이다. 그것이 바로 책을 제대로 읽는 기술이다.

11

열독모드, 나는 어려운 책도 만만하게 읽는다

완전히 희거나 검은 것은 없단다.
흰색은 흔히 그 안에 검은색을 숨기고 있고,
검은색은 흰색을 포함하고 있는 거지.

−에밀 아자르의 『자기 앞의 생』 중에서

독서를 공부하듯 하니 재미없을 수밖에

언젠가 강남 지역센터를 방문했을 때의 일이다. 센터장님에게 엄격한 아버지 때문에 힘들어하는 초등학교 3학년 학생을 소개받았다. 민혁(가명)이라는 이름의 그 아이는 S대를 나와서 외교관으로 일하는 아버지의 그늘에 눌려 있었다. 다른 아이들처럼 민혁이도 어린 시절부터 호기심이 많았다. 세상의 온갖 현상에 대해 종알종알 물어보고 자기 나름대로 의견을 가지려는 아이였다. 6살 무렵, 한창 궁금한 게 많을 나이에 민혁이는 끊임없이 질문을 하고 종알댔다.

"아빠, 산에는 왜 나무가 많아? 공은 왜 동그랗게 생겼어?"

그럴 때마다 아버지는 "넌 왜 이렇게 말이 많니? 조용히 있어!"라며 아이를 나무랐다. 질문을 귀찮아하는 아버지의 표정을 보면서 아이는 어느 순간 '더 이상 물어보면 안 되는구나' 하고 생각했다. '질문하는 것은 안 좋은 것'이라는 생각이 머릿속에 새겨지면서 호기심의 화살은 멀리멀리 달아나버렸다.

민혁이는 한때 상상력도 풍부했다. 초등학교 2학년 때는 식탁 위에서 저 혼자 미끄러지는 국그릇을 보더니 "아빠, 국그릇이 살아 있나 봐!"라고 말했던 적이 있다. 아버지는 "시끄러우니 얌전히 앉아 있어!"라며 냉정하게 대답했다.

자녀의 재능을 살리고 죽이는 건 전적으로 부모의 언행이다. 민혁이의 호기심과 상상력은 이렇게 짓밟혔다. 결국 민혁이는 자기 생각을 입 밖에 내지 않게 되었다.

내가 만난 건 민혁이의 어머니였다. 어머니는 엄한 아버지의 기세에 눌려 아이의 자존감을 살려주지는 못했다. 그 아이는 아버지가 읽으라고 하는 책만 읽어야 했다. 6살 때는 그리스 로마 신화를 모두 읽었고, 7살 때는 어린이용 위인전 시리즈를 모두 읽는 식이었다. 강남이나 교육열이 높은 지역에 사는 학부모들은 이런 문제 때문에 하소연하는 경우가 많다.

40대 중반 이상의 학부모들은 학력고사 세대들이다. 학창시절에 어려운 문제집을 반복적으로 풀어서 성적을 올렸던 부모들은 독서도 그렇게 해야 한다고 생각하는 경향이 있다. 하지만 독서는 공부가 아니다. 어려운 책을 반복적으로 읽어서 지식을 끌어올리겠다는 생각은 단연 금물이다.

나는 민혁이의 어머니에게 국내 창작물의 비중을 높여서 읽히도록 조언을 드렸다. 그리고 한 달에 한 권 이상은 아이 스스로 직접 서점에서 책을 고를 수 있게 하라고 부탁드렸다. 몇 년이 지난 후 우연히 만난 민혁이는 처음 만났을 때보다 훨씬 밝아졌다. 주도적으로 책을 읽으면서 아버지 앞에서 자신감도 회복하게 되었다.

어려운 책은 배경지식을 쌓고 나서 읽는 게 낫다

등산을 즐기는 사람이라 해도 처음부터 험한 산을 오르지는 않는다. 처음에는 등산로가 잘 정비되어 있는 낮은 산에 올랐다가 점차 난이도를 높이면서 등산한다. 그러다 어느 순간에 높고 험한 산을 자유자재로 오르게 된다. 마찬가지로 독서도 산을 오르듯 단계를 밟아가며 해야 한다. 처음부터 어려운 책을 읽으면 오히려 독서 자체가 고문이 될 수 있다. 잘못하면 책이 싫어져서 더 이상 책을 읽지 않는 경우가 발생한다.

몇 년 전 노무현 전 대통령의 실화를 다룬 영화 '변호인'이 흥행하면서 회사 동료들과 E. H. 카의 『역사란 무엇인가』를 읽은 적이 있다. 나름대로 독서력이 있다고 자부하는 사람들이었음에도 불구하고 책의 내용이 제법 어렵다는 의견들이 많았다. 많은 사람들이 책의 내용을 어렵게 느꼈으니 우리는 번역에 문제가 있다고 결론 내렸다. 모임 이후에도 개인적으로 몇 번을 다시 읽어봤지만 여전히 검은 것은 글씨요, 흰 것은 종이처럼 다가왔다. 우선은 일반 독자보다는 역사 전공자를 대상으로 한 책 같아서 불편했다. 전공자가 아닌 우리는 역사 저술가로서의 관점을 유지하는 저자의 문장을 이해하기 어려웠던 것이다. 여하튼 이 책은 책장 한 귀퉁이에 넣어둘 수밖에 없었다.

이후 재레드 다이아몬드의 『총·균·쇠』, 폴 케네디의 『강대국의 흥망』, 새뮤얼 헌팅턴의 『문명의 충돌』, 제레미 리프킨의 『노동의 종말』 등 역사 서적과 사회과학 서적을 읽을 기회가 있었다. 이 책들은 『역사란 무엇인가』보다 훨씬 두꺼운 책들이었지만 역사적 인물과 사건 등에 대한 저자의 설명이 자세히 나와 있어서 오히려 재미있게 읽을 수 있었다.

비슷한 책들을 읽다 보니 동일한 시대를 저자마다 다르게 해석하는 것도 인상적이었다. 초중고 12년 동안 학교에서 암기했던 역사가 사실은 누군가에 의해 '해석되어진 것'일 수도 있겠다는 생각을 하게 되었다. 교과서라는 알을 깨고 나온 기분이 들었다. 저자마다 나름의 견해를 피력하는 것들을 비교하다가 지난번에 읽다 포기한 E. H. 카의 『역사란 무엇인가』가 떠올랐다. 그리고 다시 서문부터 천천히 읽어보았다. 그러자 거짓말같이 E. H. 카의 글이 읽히기 시작했다.

『역사란 무엇인가』의 서문에서 E. H. 카는 "역사란 역사가의 주관적 해석이며, 객관적으로 모두가 같은 의미를 말하는 것은 불가능하다"고 주장하고 있었다. 그리고 "역사는 사실이냐 아니냐를 말하는 것이 아니라 그 역사가 현실에 주는 의미가 무엇이냐에 초점이 맞추어져 있다"고 이야기한다. E. H. 카가 역사에 대해 정의한 것으로 유명한 "역사란 역사가와 역사적 사실 사이의 부단한 상호작용의 과정이며, 현재와 과거 사이의 끊임없는 대화이다"라는 문장을 비로소 이해할 수 있었다.

"이 책이 불온서적이 되어야 할 이유가 바로 이것이었구나……."

앞에서 우리는 독서를 하는 데 있어 관점이 매우 중요하다는 것을 알아보았다. 역사를 바라볼 때는 역사를 바라보는 관점, 즉 사관(史觀)이 매우 중요하다. 똑같은 역사적 사실이 사관에 따라 달리 해석될 수 있기 때문이다.

그런데 우리나라의 역사 교육은 잘못된 사관으로 오염되었다. 박정희 시대에는 식민주의 사관으로 우리 민족의 정체성을 말살하는 역사 교육을 자행했다. 일본의 침략을 정당화하는 식으로 역사를 왜곡하고, 그러한 생각을 국민 모두에게 심어주려 했다. 획일화된 학교 교육을 통해 우리 모두에게 식민주의 사관을 주입시킨 것이다. 식민주의 사관을 주입한 결과 그것이 한동안 객관적인 사관으로 자리 잡게 된 것이다.

그런데 E. H. 카는 '역사는 역사적 사실을 바라보는 역사가의 관점에 따라 달라져야 하는데, 국가에 의해 국민들이 한 가지 사관만 받아들이게 된 것이 문제'라고 생각한 것이다. 그는 서문에서 "국가는 국민에게 역사의 객관성을 강조하게 마련"이라고 설명한다. 정부가 말하는 것에 대해 국민은 묻거나 따지지 말고 그대로 수용해야 한다는 것이다. 정부가 말하는 대로 국민은 믿고 따르는 것이 마땅한 것이지, 정부가 어떤 의도를 가지고 일을 행하며 그 사건이 가지고 있는 의미에 대해서는 깊게 생각하지 말라는 것이다. 그러나 이것은 왕정국가나 독재정치에서나 가능한 이야기이다. E. H. 카는 바로 이 점을 꼬집은 것이다.

그러므로 독재정치를 행하던 군사독재 시절에 이 책은 불온서적일 수밖에 없었다. 배경지식을 갖추고 『역사란 무엇인가』

를 다시 읽었더니, 이 책이 왜 노무현 대통령의 운명을 바꿀 만한 책이 되었는지를 깨닫게 되었다. 이처럼 어려운 책이지만 꼭 읽어야 하는 책이라면, 배경지식을 쌓는 데 도움이 되는 다른 책을 먼저 읽은 후에 읽는 것이 바람직하다.

그런데 배경지식을 쌓는 데 매우 유용한 책이 있다. 바로 해설서이다. 일례로 다윈(Charles Robert Darwin)의 『종의 기원』은 고전 중의 고전이라고 칭송받는 책인데, 이 책은 그리 쉽게 읽을 수 있는 책이 아니다. 생물학 전공자들도 이 책을 50페이지 이상 넘기기 어렵다고 하는데, 『종의 기원』을 처음부터 끝까지 읽어본 사람이 얼마나 있을까?

그럼에도 불구하고 독서가라면 『종의 기원』을 한 번쯤은 읽어보도록 하자. 만약 이 책의 완역본을 읽는 것이 부담된다면 우선 해설서를 읽고 완역본을 읽는 방법을 추천한다. 유시민 작가님은 『청춘의 독서』에서 난해한 책을 전부 읽으려는 무모한 시도보다 해설서를 통해 배경지식을 쌓고 완역본에 도전했던 자신의 경험을 소개한다.

"다윈의 사상을 제대로 알고 싶으면 다른 책부터 읽는 게 좋겠다. 예컨대 리처드 도킨스가 쓴 『이기적 유전자』, 스티브 존스의 『진화하는 진화론』, 마크 리틀리의 『HOW TO READ 다윈』 같은 책이다. 『이기적 유전자』는 유전과학을 바탕으로 삼아 진화론을 재해석한 책이다. 여기서 도킨스는 생존경쟁과 자연선택이 집단이나 개체 차원이 아니라 유전자 차원에서 벌어지는 현상임을 논증했다. 『진화하는 진화론』은 유전과학 지식을 활용하여 『종의 기원』을 재집필한 책이다. 서론에서부터 마지막까지 존스는 자신의 문장과 다윈의 문장을 구별할 수 없게 섞어 놓았다. 리틀리는 『종의 기원』뿐만 아니라 다윈이 만년에 집필한 『인간의 유래』와 『인간과 동물의 감정표현』에 이르기까지 다윈의 주요 저서에서 눈여겨보아야 할 철학적 이론적 쟁점이 무엇인지를 자상하게 안내한다. 이런 책들을 다 읽고 나서, 관찰로 얻은 개별적 사실에서 일반적 명제를 끌어내는 논증의 아름다움을 즐기고 싶다는 생각이 들면, 그때 『종의 기원』을 읽는 것이 좋겠다."

하루에 수백 권의 책이 쏟아지는 출판 홍수 속에서 오래되고 어려운 책인 『종의 기원』을 읽어야 하는 이유는 명확하다. 힘이 센 생명체가 아니라 변하는 환경에 제대로 잘 적응하는 생명체가 살아남는다는 다윈의 주장이 여전히 유효하기 때문이다. 이처럼 어렵지만 꼭 읽어야 할 책이 있는데, 이런 책을 읽어야 비로소 세상을 보는 눈이 넓어질 수 있다. 황석영 작가님은 이와 관련된 이야기를 했다.

"요즘 출판경향도 그렇고 독자들도 그렇고, 본래의 오리지널

한 부분에서 떼어다가 패러디하든지 대중화하기 위해 쉽게 풀든지 솎아내든지 해서 책을 가볍게 만드는 것 같은데, 본래의 오리지널한 부분을 먼저 보는 것이 중요하지 않나 싶어요. 내가 젊은 작가에게 늘 하는 말이 있는데, 요즘 문학 책은 너무 과중하게 많이 읽고, 정치, 역사, 사회과학, 철학, 사상 등의 책은 거의 안 읽는 경우가 많은 거 같아요. 이런 책들을 많이 봐야 세상을 보는 눈이 생기는 것입니다."

어려운 책을 읽기 위해서는
독서력을 키우는 수밖에

앞에서 나는 회사 사람들과 함께 E. H. 카의 『역사란 무엇인가』를 읽었는데, 번역이 잘못된 책을 읽어서 고생했다고 말한 바 있다. 번역이 잘못된 책을 읽으면 책이 어렵게 느껴질 수밖에 없다. 그렇다고 역자를 탓할 수만은 없다. 제아무리 번역을 잘한다 하더라도 기본적으로 어려운 책이 있는데, 이러한 책은 어느 정도 독서력이 있어야 접근할 수 있다.

언젠가 '출발 비디오 여행'의 진행자로 잘 알려진 MBC 김지은 아나운서님을 만났을 때의 일이다. 인터뷰를 하면서 좋아하는 책을 추천해 달라고 요청했다. 다독가로 알려진 그녀가 내 인생의 책으로 꼽은 작품은 다름 아닌 니코스 카잔차키스(Nikos Kazantzakis)의 『그리스인 조르바』였다. 초롱초롱한 눈빛으로 너무나 확고하고 자신 있게 추천하기에 좋아하는 이유를 묻지 않을 수 없었다.

"힘들고 지칠 때면 항상 펼쳐들어요. 자유인 조르바의 긍정 마인드를 보면 힘이 나거든요. 저는 집에도 한 권 사무실에도 한 권 있어요. 책상에 『그리스인 조르바』가 없으면 불안해질 정도죠."

사실 나는 이 책을 읽는 적이 있었는데, 그때는 별로라고 느꼈다. 하지만 김지은 아나운서님의 이야기를 듣고 보니 다시 읽지 않을 수 없었다. 읽으면서 처음에 재미없게 느낀 이유를 곰곰이 생각해 봤다. 상황이나 전개가 산만하다고 느껴서 조르바보다는 화자인 '나'의 시선에 집중했다. 그러다 보니 조르바의 자유로움이 엉뚱하고 불편하게 느껴졌던 것이다.

그런데 이 책을 꼼꼼히 다시 읽어보니 조르바의 자유분방함이 소탈하고 친근하게 다가왔다. 그제야 비로소 니코스 카잔차키스의 빛나는 문장이 눈에 들어왔다.

"나는 어제 일어난 일은 생각 안 합니다. 내일 일어날 일을 자문하지도 않아요. 내게 중요한 것은 오늘, 이 순간에 일어나는 일입니다. 나는 자신에게 묻지요."

문학이라는 예술은 작가의 경험이나 생각을 문장이라는 약속 부호를 통해 독자에게 전달하는 행위라고 할 수 있다. 이는 마치 이쪽 산꼭대기의 봉수대에서 연기를 피워 저쪽 산꼭대기로 알리는 것과 같다. 연기의 색과 연기 기둥의 수가 의미하는 바를 알지 못하면 건너편에서 어떤 메시지를 전달하고자 하는지 알 수 없다. 그렇다. 문제는 바로 나에게 있었다. 『그리스인 조르바』가 내게 재미없는 책으로 다가왔던 것은 그 책이 전하고자 하는 메시지를 알아채지 못했기 때문이다. 내 독서력이 부족했기 때문이다.

그러므로 책을 읽기 전에 이 책이 과연 내 수준에 적합할지부터 생각해 보도록 하자. 남들이 읽는다고 해서 무턱대고 책을 구입했는데 어렵게만 느껴진다면 책값만 허비할 수도 있다. 책을 고르기 전에 최소한 서문과 목차, 일부 내용을 읽어보는 것도 바람직할 것이다.

그런데 남들이 "이 책은 정말 쉽다"고 말하는데도 나한테는 어려운 책으로 다가오는 경우에는 어떻게 해야 할까? 방법은 하나뿐이다. 난이도가 점점 높은 산에 올라봐야 등산 실력이 늘듯이 쉬운 책부터 하나씩 읽을 수밖에. 산에 오르는 과정이 힘들기는 하지만 정상에 오르면 쾌감을 느끼는 것처럼, 독서력을 키우기 위해서는 노력의 과정이 필요하다. 그 과정을 거치고 나면 비로소 어려운 책도 만만해질 것이다.

서울대 권장도서 100권은
독서가라면 도전해 볼 만해

　모 신문사가 한우리열린교육에 서울대학교 권장도서 100권에 대한 소개의 글을 써달라고 요구한 적이 있었다. 대상은 중학생부터 입시를 준비하는 고등학생이었다. 목록을 살펴보니 그 어떤 것도 만만해 보이는 책이 없었다. 워낙에 책이 어렵다 보니 집필진을 꾸리는 것도 만만치 않았다.

서울대 권장도서 100선

과학기술	
같기도 하고, 아니 같기도 하고(호프만)	과학고전 선집(홍성욱)
종의 기원(다윈)	과학혁명의 구조(토마스 쿤)
부분과 전체(하이젠베르크)	엔트로피(리프킨)
카오스(제임스 글릭)	객관성의 칼날(길리스피)
신기관(베이컨)	이기적 유전자(도킨스)
괴델, 에셔, 바흐(호프스태터)	

동양사상	
삼국유사(일연)	보조법어(지눌)
율곡문선(이이)	다산문선(정약용)
논어	맹자
제자백가선도	장자
사기열전(사마천)	우파니샤드
퇴계문선(이황)	대학-중용
주역	아함경

서양사상	
역사(헤로도토스)	의무론(키케로)
니코마코스 윤리학(아리스토텔레스)	고백록(아우구스티누스)
방법서설(데카르트)	리바이어던(홉스)
법의 정신(몽테스키외)	에밀(루소)
실천이성비판(칸트)	페더랄리스트 페이퍼(해밀턴 외)
자유론(밀)	자본론 1권(마르크스)
꿈의 해석(프로이트)	프로테스탄티즘의 윤리와 자본주의 정신(베버)
간디 자서전(간디)	물질문명과 자본주의(브로델)
슬픈 열대(레비스트로스)	문학과 예술의 사회사(하우저)
국가(플라톤)	도덕의 계보학(니체)
군주론(마키아벨리)	감시와 처벌(푸코)
정부론(로크)	홉스봄 4부작: 혁명, 자본, 제국, 극단의 시대
국부론(아담 스미스)	미디어의 이해(맥루한)
미국의 민주주의(토크빌)	

외국문학	
당시선	홍루몽(조설근)
변신인형(왕멍)	마음(나쓰메 소세키)
일리아스, 오디세이(호메로스)	변신(오비디우스)
신곡(단테)	그리스로마신화

위대한 유산(디킨스)	주홍글씨(호손)
허클베리핀의 모험(트웨인)	황무지(엘리엇)
스완네 집 쪽으로(프루스트)	인간의 조건(말로)
마의 산(토마스 만)	변신(카프카)
돈키호테(세르반테스)	백 년 동안의 고독(마르케스)
고도를 기다리며(베케트)	카라마조프가의 형제들(도스토예프스키)
체호프 희곡선	보바리 부인(플로베르)
루쉰전집(루쉰)	파우스트(괴테)
설국(가와바타 야스나리)	양철북(그라스)
그리스비극선집	픽션들(보르헤스)
셰익스피어희곡	안나 카레니나(톨스토이)
젊은 예술가의 초상(조이스)	
한국문학	
고전시가선집	고향
인간문제(강경애)	정지용전집(정지용)
카인의 후예(황순원)	토지(박경리)
연암산문선(박지원)	구운몽(김민중)
한중록(혜경궁 홍씨)	청구야담
삼대(염상섭)	천변풍경(박태원)
탁류(채만식)	춘향전
백석시전집(백석)	무정(이광수)
광장(최인훈)	

그래서 회사 동료들과 나는 어렵게 느껴지는 책은 해설서를 함께 소개하기로 했다. 사전에 배경지식을 쌓은 후 원전에 접근하도록 유도한 것이다. 그러다 보니 시간이 서너 배나 소요

되었다. 이를테면 마르크스의 『자본론』 1권을 소개하기 위해 네 권의 책을 읽어야 했다. 마르크스의 『자본론』을 완역한 길 출판사의 번역본인 『자본 1-1권』이 688페이지, 『자본 1-2권』 이 456페이지, 김수행 교수님의 『자본론 공부』가 288페이지 그리고 『데이비드 하비의 맑스 '자본' 강의』가 628페이지이다. 모두 합하면 2,060의 페이지를 읽어야 했다.

고생스러운 작업이었지만 결과적으로 신문사로부터 책을 이해하는 가이드 역할을 충실히 했다는 평가를 받았다. 서울대 권장도서 100권은 청소년뿐만 아니라 성인들도 한 번쯤은 읽어야 할 책이다. 이 책들을 한 권 한 권 읽다 보면 독서력이 눈에 띄게 향상될 것이다.

다카다 아키노리의 '어려운 책을 읽는 기술'

앞에서 나는 어려운 책은 배경지식을 쌓은 후에 읽는 것이 바람직하다고 말했다. 그러면서 해설서가 있는 책은 해설서를 참조하면 된다고 말했다. 어려운 책을 읽기 위해서는 책의 어떤 점이 어려운 것인지부터 헤아려볼 필요가 있다. 약간의 주의만 기울이면 어려운 책들 중에서 '읽을 수 있는 책'과 '배경지식을 쌓은 후에 읽을 책'이 있다는 것을 알 수 있다.

다카다 아키노리 교수는 『어려운 책을 읽는 기술』에서 책의 난이도와 결말에 따라 등산형, 산책형, 열린 책, 닫힌 책의 네 가지 유형으로 구분하였다. 등산형은 배경지식이 필요한 책인데, 산의 정상에 오르듯 차곡차곡 읽어야 하는 어려운 책을 말한다. 산책형은 뚜렷한 목적 없이 읽는 책인데, 어렵지 않게 읽을 수 있는 책을 말한다. 열린 책은 열린 결론 또는 결말이 있는 책인데, 독자가 결론 또는 결말에 대해 자의적으로 해석할 수 있는 책을 말한다. 닫힌 책은 정해진 결론 또는 결말을 토대로 논리를 전개하는 책을 말한다.

다카다 아키노리 교수는 책의 유형을 이렇게 네 가지로 구분했는데, 이 책에서는 이러한 구분을 좀 달리해 1상한과 2상한, 3상한, 4상한 등으로 책의 유형을 구분했다. 각 상한에 나열한 카테고리는 독자들의 이해를 돕기 위해 분류해 본 것이며, 저자의 경력과 집필의도에 따라 달라질 수 있다. 책의 대체적인 유형에 따라 1상한과 2상한, 3상한, 4상한 등 4분면을 정리하면 다음과 같은 표가 만들어진다.

자, 그럼 우리에게 과연 어떤 책이 어려운지를 생각해 보자. 두꺼운 책이 어려운 책인가? 읽기 힘든 책이 어려운 책인가? 당연히 후자일 것이다. 분량이 짧더라도 읽기 어려운 책이 어려운

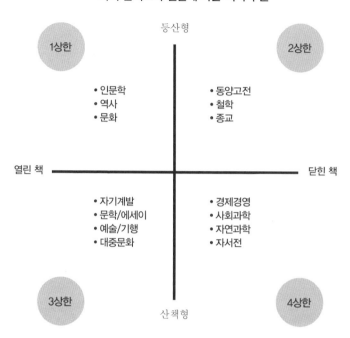

독서 난이도와 결말에 따른 책의 구분

등산형

1상한

- 인문학
- 역사
- 문화

2상한

- 동양고전
- 철학
- 종교

열린 책

닫힌 책

- 자기계발
- 문학/에세이
- 예술/기행
- 대중문화

- 경제경영
- 사회과학
- 자연과학
- 자서전

3상한

4상한

산책형

책이다. 이러한 책은 배경지식이 없으면 읽어내기 힘들고, 구성이 복잡하고 행간의 뜻을 이해하기도 어렵다. 하지만 이러한 책들은 대부분 시중에 해설서가 나와 있을 만큼 읽을 가치가 있는 책이다. 한마디로 여기서 말하는 어려운 책은 '어렵지만 읽어볼 가치가 있는 책'이다.

앞에서 소개한 『역사란 무엇인가』는 '등산형-열린 책'에 해당하니 1상한에 속한다. 이 책은 배경지식이 있어야 읽을 수 있으므로 등산형이고, '역사란 무엇인가'에 대한 질문에 독자 스스로 답해야 하므로 열린 책이다. 이와는 달리 배경지식 없이 읽을 수 있고 저자가 결론까지 제시하는 책은 읽기 쉬울 것이다. 1, 2상한의 책과는 달리 3, 4상한의 책들은 밑줄을 긋고 메모하며 읽는 것 이상의 노력을 기울일 필요가 없다. 이러한 책들은 어렵지 않게 읽을 수 있다. 그러니 여기에서 3, 4상한의 책들을 읽는 방법에 대해 논하는 것은 무의미하다.

그렇다면 우리가 어렵다고 느끼는 1, 2상한의 책들을 읽기 위해서는 어떻게 해야 할까? 다음과 같은 방법이 유용할 것이다.

『인생의 차이를 만드는 독서법, 본깨적』의 저자인 박상배 대표님은 밑줄과 메모를 강조하는 대표적인 독서가다. 그는 '본' 것과 '깨'달은 것, '적'용할 것을 구분하여 독서감상문을 기록하며 읽는 '본깨적' 독서를 강조한다.

"처음에는 별도의 노트를 마련해 본깨적 정리를 했다. 중요한 내용에 밑줄을 긋거나 박스를 치고 키워드에 동그라미를 해놓았는데도, 책을 다 읽고 본깨적 정리를 하려니 힘들었다. 분명 책을 보는 동안 울림과 함께 깨달음을 얻기도 하고, '아! 이런 것은 내 업무에 이렇게 적용해 보면 좋겠다'라는 생각을 했던 것 같은데, 도통 기억이 나지 않았다. 밑줄, 박스, 동그라미

친 내용들을 보고 운 좋게 다시 생각나는 경우도 있었지만 영영 사라져버린 기억이 훨씬 많다. 어떻게 하면 본깨적을 잘할 수 있을까? 궁리 끝에 생각해낸 것이 '책 속 본깨적'이다. 책을 읽으면서 밑줄과 박스를 치고 메모를 더하는 것이다. 책 귀퉁이에 중요하다고 생각하는 내용을 적어놓고, 적용할 것은 메모해 놓으면 잊어버릴 걱정이 없겠다는 생각으로 책 속 본깨적을 시작했다."

책을 읽으면 좋은 지혜를 얻게 된다. 따라서 책을 읽다 보면 그간 궁금했던 문제에 대한 해결점이나 미처 생각하지 못했던 아이디어가 떠오를 수 있다. 이마를 '탁' 하고 치는 일이 많을수록, 책을 읽다 잠시 책장을 덮어두고 생각에 잠기는 일이 많을수록 제대로 된 독서를 하는 셈이다. 그때 책에서 얻은 깨달음을 행간에 메모해 두는 것이다. 아이디어란 깨어나기 직전의 꿈과 같아서 고개를 돌리는 순간 허공으로 날아가버린다. 평생 동안 절대로 잊어버리지 않을 것 같은 생생한 꿈도 아침식사를 하고 나면 까맣게 사라져버리는 경우가 부지기수다. 난해한 책을 읽는 경우에는 특히 메모를 해야 한다.

그러기 위해서는 우선 독서노트부터 준비해야 한다. 참고로 내가 사용하는 독서노트는 일반적인 노트와는 약간 차이가 있다. 나는 속지를 끼웠다 뺐다 하는 노트를 사용한다. 내가 속지를 끼웠다 뺐다 하는 노트를 사용하는 이유는 책을 첫 장부터 읽지 않기 때문이다. 이런 노트를 사용하면 속지를 넣다 뺐다 할 수 있기 때문에 원하는 때에 원하는 곳부터 읽어나가면서 내용을 기록할 수 있고, 책을 한 번에 읽기 힘들어서 덮어두더라도 나중에 이어서 읽을 때 수월하다. 하지만 나와는 달리 책을 첫 장부터 순서대로 읽는 것을 선호한다면, 그냥 일반적인 노트를 장만해도 좋을 것이다.

독서노트가 준비되었다면 책을 읽기 시작하자. 부피가 크고 방대한 책일수록 서문에 책의 구성이나 전개 방향이 기록되어 있는 경우가 많다. 따라서 서문은 가능하면 꼼꼼히 읽어두는 것이 좋다. 이 부분만 꼼꼼히 읽어도 독서의 지도가 그려진다. 번역서라면 이 책을 먼저 읽어본 독자이기도 한 역자의 말을 읽어두는 것도 상당히 도움이 된다.

서문과 역자의 말을 읽었다면 책의 목차를 보고 가장 궁금한 장부터 읽어보자. 예를 들어 4장부터 읽는다면 노트에 4장의 제목인 '제4장 화폐의 자본으로의 전화'라고 적는다. 그리고 6장, 5장, 1장, 2장, 3장의 순으로 읽었다면 해당 장의 제목과 내용을 정리한 다음에 바인더를 꺼내서 재배치하면 1장부터 차례대로 정리할 수 있다.

노트에 메모할 때는 중요한 문장은 전체를 적되 가능하면 주요 개념과 관련된 단어와 단어를 화살표를 그려가며 간략하게 정리한다. 그래야 개념과 개념들이 꼬리에 꼬리를 물고 연결된다. 나는 가운데에 세로줄이 있어서 좌우로 구분된 노트를 주로 사용하는데, 주요 개념과 관련된 단어들은 노트의 좌측면에 메모한다. 우측면은 가능하면 비워둔다. 이렇게 노트의 좌측면과 우측면이 있는 것을 선호하는 이유는 책을 읽다 추가로 메모할 내용을 우측면에 기록하기 위해서이다. 좌측면에는 저자의 생각, 우측면에는 나의 생각이 기록되는 것이다. 이렇게 정리를 하면 주요 개념을 놓치지 않을 수 있음은 물론 나의 생각을 확장시킬 수도 있다.

그런데 전철을 타거나 이동 중에는 책을 읽으면서 독서노트를 펼쳐보는 것이 불가능하다. 이 경우에는 나중에 독서노트에 기록할 부분을 연필로 대강 표시해 가면서 읽고, 책상에 앉았을 때 독서노트에 정리하면 된다. 이런 방식으로 책을 읽으면 아무리 어려운 책이라도 주요 개념과 내용을 정리할 수 있다. 결국 자신의 의지와 노력에 따라 어려운 책도 끝까지 읽어낼 수 있다.

📖

자손은 조상을 원망하고, 후진은 선배를 원망하고,

민족 불행의 책임을 자기 이외로 돌리려 하니, 왜 남만 책망하시오.

가슴을 두드리며 아프게 뉘우칠 생각은 왜 하지 못하고,

어찌하여 그놈이 죽일 놈이요, 저놈이 죽일 놈이라고만 하시오?

진정 내가 죽일 놈이라고 왜들 깨닫지 못하시오?

－이광수의 「도산 안창호」 중에서

제**5**부

석세스 리딩
나에게 맞는
독서생활은
따로 있다

12

독서의 생산성을 높이는 생활독서법

책을 읽는 즐거움은 여러 가지가 있는데,
그중에서도 '오호라' 하며 마음속에서 놀라움의 탄성을 지를 수 있게
하는 한 구절을 만났을 때의 기쁨이 가장 크지 않을까 생각한다.
—다치바나 다카시의 『나는 이런 책을 읽어 왔다』 중에서

책을 읽었는데 아무것도 기억하지 못한다고?
독서기록장을 만들어봐!

우리가 책을 읽는 이유는 무언가를 얻기 위해서이다. 독서를 통해 지식을 얻을 수도 있고, 감동과 재미를 얻을 수도 있다. 2천 권의 책을 읽고 '민들레영토'를 창업한 지승룡 회장님 같은 사업가도 있고, 한평생을 대영도서관에서 보내며 불후의 역작을 만들어낸 마르크스 같은 위인도 있다. 독서가 성공의 도구임은 틀림없는 것 같다.

그런데 책을 많이 읽었는데도 아무것도 남지 않는 경우도 있

다. 책의 내용이 전혀 기억나지 않거나 다른 책의 내용과 혼동되는 경우 말이다. 많은 책을 읽었는데도 아무것도 얻어내지 못한다면 무슨 소용 있겠는가? 우리에게는 생산적인 독서가 필요하다. 책 한 권을 읽더라도 최소한 주제와 주요 개념, 내용 등을 기억할 수 있어야 한다. 그러기 위해서는 어떻게 해야 할까? 이제부터 그에 대해 알아보기로 하자.

한우리미래교육연구소의 오용순 소장님은 언론사와 인터뷰할 때 자신이 읽었던 책을 제목만 소개하지 않고 간략하게 내용까지 소개하곤 했다.

어느 날 나는 그분과 함께 식사를 하게 되었다. 식사 자리에서 『백범일지』에 대한 이야기를 나누었다. 오 소장님은 『백범일지』에서 인상적인 장면으로 백범이 보성학교 교장 시절에 학교를 지을 때 세 번이나 불이 났던 사건을 꼽았다. 불이 여러 번이나 나는 것을 이상하게 여긴 백범은 직원에게 밤에 숨어서 지키도록 했다. 이틀 만에 불을 지른 도깨비를 현장에서 잡고 보니 동네 서당의 훈장이었던 것이다. 그는 학교가 세워지면 서당이 없어져 직업을 잃을까 우려해 학교에 불을 지른 것이다. 결국 백범은 훈장을 경찰서에 신고하는 대신 마을에서 추방했다. 오 소장님은 이 장면을 소개하면서 "시대의 흐름에 적응하지 못하는 자에게 교훈을 건네는 내용"이라는 말도 덧붙였다.

그분은 어떻게 책의 내용을 오래도록 기억하고 있을까? 바로 책을 읽고 그 내용을 정리하는 능력이 뛰어났기 때문이다. 하지만 우리 대부분은 책을 읽고 얼마 지나지 않아 그 내용을 잊어버리게 마련이다. 나 역시 마찬가지였다. 사실 오 소장님과 만나기 전날에 나는 『백범일지』를 읽었는데도, 책의 내용이 가물가물했다. 그래서 책의 내용을 오래도록 기억하는 그분의 모습을 지켜보며 한편으로는 부러웠고 또 한편으로는 부끄러웠다. 독서를 하려면 이 정도는 되어야 하지 않을까 싶었다.

나는 이때부터 한 권의 책을 A4용지 한 장 분량으로 정리하는 습관을 들였다. 독서기록장을 쓰는 데는 몇 가지 원칙이 있다.

우선 제목 바로 아래에 칸을 만들어 책의 주요 키워드를 적는다. 예를 들어 새뮤얼 헌팅턴의 『문명의 충돌』이라면 '케말주의', '피는 물보다 진하다' 등을 기록하고, 로버트 단턴(Robert Danton)의 『책과 혁명』이라면 '정보력이 경쟁력', '여론이 사건에 미치는 영향' 등을 적는다. 이 키워드들을 서로 연결하면 책의 전체 내용을 쉽게 기억할 수 있다.

다음으로 키워드 바로 아래에는 그와 관련된 구체적인 내용을 기록한다. 단 너무 장황하게 내용을 기록하지 않는 것이 좋다. 장황하게 기록해 봤자 나중에 그 내용을 기억하기 힘들기 때문이다. 만약 부득이하게 내용을 길게 기록해야 한다면 책에서 소개한 간략한 사례를 함께 기록하는 것이 좋다. 그러면 오래도록 기억할 수 있고 나중에 활용하기도 쉽다. 여하튼 책의 내용을 되도록 간략하게 기록하는 것이 바람직한데, 윤태호 작가님의 『미생』에는 '문장 줄이기' 숙제를 내는 장면이 등장한다. 김동식 대리는 장그래 사원에게 다음과 같은 업무지시를 한다.

"거기에 나온 문장의 단어들을 적합한 무역용어로 바꾸고, 해당 약어가 있다면 표기해서 문장을 줄여 와."

김 대리가 준 쪽지에 적힌 문장은 산만하고 어수선하다. 논점이 흐트러져 있고 말하는 바가 명확하지 않다.

'〈중동항로와 관련된 특이사항〉

이슬람 최대 명절 중 하나인 라마단이 지난 8월 18일에 끝났습니다.

따라서 중동항로의 거래량과 실제 적재비율이 다시 늘어날 것으로 보입니다.

(라마단 직전의 실제 적재비율은 95%에 육박했습니다.)

또한 중동항로 선사협의체에서는 2012년 7월 중 컨테이너당 300달러의 성수기 할증료를 부과할 예정이었으나 이를 유예했습니다.'

장그래가 다음과 같이 내용을 수정하니 간결하게 정리되고 의도하는 바도 쉽게 전달할 수 있었다.

'〈중동항로 관련 이슈〉
 -라마단(2012.7.20.~2012.8.18) 종료, 중동항로 물동량 및 소석률 회복 예상
 -IRA가 7월 중 적용 예정이던 PSS(USD300/TEU)를 유예함.'

독서기록장에 책의 내용을 기록할 때도 마찬가지다. 되도록 쉽고 간결한 문장으로 내용을 정리하다 보면 그 내용을 쉽게 이해할 수 있고, 문장력도 향상된다. 따라서 독서기록장에 책의 내용을 장황하게 기록하기보다는 간단명료하고 정확하게 기록하는 것이 중요하다.

한 번만 읽기엔 아쉬운 책이라면
반복독서를 해봐!

고(故) 신영복 교수님은 『강의』에서 자신의 독서법을 다음과 같이 설명한 바 있다.

"먼저 텍스트를 읽고 다음으로 그 필자를 읽고 그리고 최종적으로는 그것을 읽고 있는 독자 자신을 읽어야 합니다. 모든 필자는 당대의 사회역사적 토대에 발 딛고 있습니다. 그렇기 때문에 필자를 읽어야 합니다. 독자 자신을 읽어야 하는 까닭도 마찬가지입니다. 독서는 새로운 탄생입니다. 필자의 죽음과 독자의 탄생으로 이어지는 끊임없는 탈주입니다. 진정한 독서는 삼독입니다."

한 번만 읽기엔 아쉬운 책을 발견하면 나는 그 책을 분기에 한 번꼴로 다시 읽는다. 이런 책은 여러 번 읽어도 매번 새롭게 다가온다. 다시 읽을 때는 전체를 처음부터 읽는다. 전에 읽으면서 줄을 친 부분만 다시 읽지 않는 것이다. 나는 이런 식으로 『논어』, 『한비자』 등 고전뿐만 아니라 구본형의 『익숙한 것과의 결별』, 『카네기 인간관계론』 등 자기계발서도 읽었다. 이처럼 책을 읽고 몇 달 후 다시 읽으면 새롭게 읽게 되는 것들이 있다. 텍스트뿐만 아니라 필자 그리고 나 자신까지 새롭게 눈에 들어오는 것이다.

『논어』는 해설자의 의도에 따라 다양한 읽기가 가능하여 다양한 판본을 일 년에 한 번 정도는 챙겨 읽는 편이다. 그 외에도 『성경』, 『맹자』, 『사기』, 『한비자』 등 인류의 고전은 곁에 두고 수시로 읽고 또 읽을 필요가 있다. 시중에는 많은 종류의 번역서가 나와 있으니 꼼꼼히 따져보고 평생 동안 읽어나가는 것을 권한다. 참고로 처음부터 고전 원전을 읽는 것이 부담된다면 쉬운 책부터 읽는 것이 바람직하다. 소설가 고(故) 최인호 작가님의 『유림』이나 『소설 공자』, 『소설 맹자』는 작가의 빼어난 글솜씨로 인해 인문 고전에 흥미를 갖도록 해준다. 이런 책을 먼저 읽고 원전을 읽는 것도 바람직할 것이다.

문장을 오래도록 기억하고 싶다고? 필사해 봐!

예로부터 베껴 쓰기는 둔재를 천재로 만드는 독서법으로 알려졌다. 다산 정약용은 기록을 중요하게 여겼는데, 책을 읽으면서 중요하다고 생각한 문장을 오래도록 기억하기 위해 기록해 두었다. 이 방법은 지금도 유용하다. 책의 내용을 오래도록 기억하고 자신의 것으로 만들기 위한 가장 좋은 방법은 책 한 권을 그대로 베껴 쓰는 것이다. 이른바 필사라는 것인데, 나이에 비해 많은 성과를 낸 사람들에게 그 비결을 물으면 대답하는 공통점 중의 하나가 바로 필사이다. 신문의 특정 기사를 꾸준히 필사해 자신의 것으로 만들었다는 어떤 투자전문가의 경우는 처음에는 신문을 읽는 것만으로 이해되지 않아서 무심코 따라 적기 시작했다. 그런데 반복해서 적다 보니 어느 순간 그 내용이 이해되기 시작했다. 그리고 문장과 문장 사이의 행간도 보이게 되었다.

신경숙 작가님은 학창시절에 소설 필사를 통해 글쓰기 실력을 키운 것으로 잘 알려져 있다. 작가님은 "그냥 눈으로 읽을 때와 한 자 한 자 노트에 옮겨 적을 때, 그 소설들의 느낌은 달랐다. 필사를 하면서 나는 처음으로 '이게 아닌데……'라는 생각에서 벗어날 수 있었다. 이것이다. 나는 이 길로 가리라. 베껴 쓰기를 하는 동안의 그 황홀감은 내가 살면서 무슨 일을 할 것인가 각인시켜준 독특한 체험이었다"고 말하며 필사의 중요성을 강조했다.

필사는 글을 쓰는 작가에게만 중요한 것이 아니다. 독자에게도 매우 중요하다. 예를 들어 나의 어머니는 성경을 항상 필사하신다. 필사를 즐기시는 어머니에게 왜 필사하시는지 여쭤보면 "행간의 놓친 부분을 읽어낼 수 있고, 책의 내용을 삶에서 실천할 수 있는 에너지를 얻게 된다"고 답하신다. 닮고 싶은 사람의 생각을 꼼꼼히 적는 것만으로도 인생은 바뀔 수 있다. 이것이 책이 가진 진정한 힘이다.

분당의 최은미 지역센터장님은 혼자 조용히 책을 읽을 때 마음이 편안해진다는데, 최근에는 필사에 푹 빠졌다. 책의 내용을 기억하는 데도 좋지만 책의 문장을 따라 적는 그 자체가 너무 좋기 때문이다. 적어 내려가는 그 순간에 책의 내용이 머릿속에 스며들기도 하지만 오히려 기분전환이 되어서 좋다고 한다. 평소와 달리 필사할 때만큼은 나만의 명상이 이루어져 힐링이 된다고도 한다. 그분은 에너지가 소진될 때 주로 필사를 한다. 최근에는 시간을 정해 놓고 필사를 한다. 주로 일요일 저녁에 아이들이 잠든 시간에 책을 읽고 베껴 쓴다. 고민이 있거나 컨디션이 좋지 않을 때는 필사의 분량이 더 많아진다. 아무리 인터넷 시대라지만 손으로 쓰는 필사를 고집한다. 만년필에서 빠져나가는 잉크의 양이 늘어날수록 고민과 상념이 사라지는 것 같기 때문이다.

현대인은 학업과 일, 가사 등으로 매우 바쁜데, 최근에는 펜을 들어 필사하는 이들이 늘고 있다. 그 이유는 무엇일까? 책을 읽으면서 사유하기 위해서이다. 블로그에 포스팅하거나 댓글을 달 때는 컴퓨터의 자판을 두들겨 타이핑하는 것이 편할지 모르지만 책을 읽으며 저자와 대화하기 위해서는 천천히 생각하는 것이 필요하다. 펜을 들고 책의 문장을 한 자 한 자 눌러쓰다 보면 저자의 생각을 곱씹어볼 수 있다. 최은미 지역센터장님은 필사 노트 한 권을 모두 채우면 날짜별로 보관해 둔다. 이렇게 해두면 언제든지 찾아서 읽어볼 수 있다.

필사가 부담된다면 '정리하며 읽기'를 해봐!

필사를 할 만큼 여유가 없는 사람이라면 책을 읽으면서 자신의 생각을 연결해 나가는 '정리하며 읽기'를 권하고 싶다. 정리하며 읽기는 책의 내용을 보다 빨리 머릿속에 집어넣을 수 있으므로 도움이 된다.

막스 베버(Max Weber)의 『프로테스탄티즘의 윤리와 자본주의 정신』을 읽었을 때의 일이다. 여러 번 읽어도 어려워서 관련 해설서를 참고하며 손으로 일일이 정리했다. 전공 서적도 아닌 것을 이렇게 깊이 읽은 데에는 사연이 있다. 모 신문사의 기자와 식사를 하면서 근황을 묻다가 요새 내가 『프로테스탄티즘의 윤리와 자본주의 정신』을 읽느라 고생하고 있다고 말하게 되었다. 그 기자는 반가워하며 자신이 가장 좋아하는 책이라고 말했다. 책의 내용을 제대로 이해하지 못하는 내게는 너무나 충격적인 말이었다.

주변에 이 책을 읽어봤다는 사람이 없어서 그나마 이 책을 읽고 있는 나 자신에 대해 스스로 대단하다고 여겼는데, 읽어본 정도가 아니라 가장 좋아하는 책이라니! 게다가 그 기자는 자신이 좋아하는 이유에 대해 조목조목 밝혔다. 그래서 생각의 단상을 엮어 기록해 두어야 할 필요성을 느끼게 되었다. 결국 일하기 싫고 출근하기 싫은 월요병 증후군이라는 테마와 『프로테스탄티즘의 윤리와 자본주의 정신』을 연결해 보니 '정리하며 읽기'를 할 수 있었다. 정리하며 읽다 보니 왜 일하는가에 대한 근본적인 질문을 되새길 수 있었다. 내가 정리했던 글을 소개하면 다음과 같다.

일하기 싫고 출근하기 싫은 월요병 증후군

오늘도 여전히 출근하기 싫은 아침이다. 하고 싶은 걸 하면서 사는 것이 행복한 인생이라면 왜 우리는 매일 아침 도살장에 끌려가는 소처럼 일터로 나가야 하는가! 얼마 전 아이와 함께 잡월드에 다녀왔다. 실업자가 300만 명이 넘었다는 통계가 심심치 않게 발표되는 요즘, 어릴 때부터 미리 장래희망을 심어주자는 취지에서인지 키자니아와 잡월드 같은 사업이 인기다. 직업에 대해 체험해 볼 수 있다는 곳이 과연 아이들의 직업관에 긍정적인 영향을 미칠 수 있을까? 뚜렷한 주관 없이 남들이 다 보낸다는 곳에 다녀왔을 뿐이다. 아이의 직업은커녕, 정작 어른 스스로도 왜 일하는지 모르고 사는 게 현실인데 말이다.

▨ 월요병이 생기는 이유

과연 우리는 왜 일하는 것일까? 이 시점에 선각자께서 이미

써놓은 책이 등장한다. 막스 베버의 『프로테스탄티즘의 윤리와 자본주의 정신』이다. 직장인 모두가 앓는 병이 있다. 바로 '월요병'이다. 막스 베버는 우리의 월요병을 두 문장으로 정리한다.

"프로테스탄트들은 (자발적으로) 직업 인간이 되기를 원했다. 반면 우리는 (강제적으로) 직업 인간이 될 수밖에 없다."

'왜 일하는가'라는 물음은 비단 어제 오늘의 일이 아니다. 자수성가한 일본 기업 교세라의 이나모리 가즈오 회장이 지은 책 제목도 『왜 일하는가』이다. 우리의 선배직장인들은 학창시절에 데모를 참 많이 했다. 암암리에 불온서적도 많이 읽었다. 마르크스의 『자본론』이 대표적이다. 그 유명한 마르크스와 대척점에서 노동의 윤리를 설명한 사람이 바로 막스 베버다. 마르크스가 사회주의의 이론가라면 막스 베버는 자본주의의 대표선수쯤으로 평가받은 모양이다. 막스 베버는 장 칼뱅과 마르틴 루터를 통해 우리가 현재 갖고 있는 직업윤리관을 설명하고 있다. 마르크스와 막스 베버의 사상을 쉽게 비교해 보면 다음과 같다.

● 마르크스는 인간을 경제적인 동물로 파악하고 있다. 경제

적인 동기가 인간의 행동을 좌우하는 주요 원인이다.

● 막스 베버는 인간 행위의 내면에 놓인 문화적 주관성의 영역에 관심을 둔다. 베버의 입장에서 노동은 경제적인 행위이자 문화적인 행위이다.

'월요병'이 생기는 이유는 간단하다. 우리가 그다지 노동을 좋아하지 않기 때문이다. 만약 우리가 노동을 사랑한다면 주말이 가까울수록 일할 수 없다는 두려움 때문에 금요병이 생기게 될지도 모를 일이다. 막스 베버는 일에 대한 문화적 동기를 부여하여 우리에게 최면을 건다. '노동에 좋은 점이 있는 건 아닐까?' 하고 말이다. 지금부터 노동의 미덕에 대해 알아보자.

▨ 노동에 대한 인식의 변화

종교개혁으로 프로테스탄티즘이 등장하기 전에 노동은 노예들이나 하는 것이었다. 그래서 모두 귀족이 되고 싶어 했고 가진 자들은 철학과 사상을 향유할 시간이 많았다. 서양뿐 아니라 우리나라도 크게 다르지 않다. 우리는 역사시간에 조선시대 때는 하나같이 상인을 괄시하고 기술을 천시했다고 배워왔다. 세종이나 정조 때에 이르러서야 기술자들의 이름이 하나둘씩 등장하게 되었다. 막스 베버는 1517년 마르틴 루터가 종교개혁을 하면서 무위도식하는 것은 옳지 않다는 사상이 처음 우리에게 퍼졌다고 이야기한다. 이른바 프로테스탄티즘의 시작이다. 이 때 마르틴 루터가 제창한 '천직'이라는 개념이 출현한다. 드디어 인간의 역사에서 노동이 중요해진 것이다.

루터는 "각 개인의 구체적 직업은 그 개인에게 신의 섭리가 지정한 구체적 위치를 충족시키라는 신의 특별한 명령"이라고 해석했다. 천직 개념이 등장하면서 노동은 더 이상 시지포스의 징벌로 이해되지 않게 된다. 노동이라는 "세속적 의무의 이행은 모든 경우 신을 기쁘게 하는 유일한 방법이며, 그것만이 신의 뜻이며, 따라서 허용된 모든 직업은 신 앞에서 같은 가치"를 지닌다고 정당화되었다.

마르틴 루터의 사상을 확대 발전시킨 개신교의 대표적인 이론가는 리처드 백스터 목사였다. 백스터 목사는 재산을 모은 자가 부를 향락하여 태만과 정욕을 낳고 특히 거룩한 삶에서 이탈하는 것을 비난했다. 이때부터 노동하지 않는 부자는 비난의 대상이 된다. 헬레나 노르베리 호지(Helena Norberg-Hodge)의 『오래된 미래』에 등장하는 라다크 같은 원시적 생계 경제 속에 사는 사람들은 도시인들처럼 그렇게 열심히 일하지 않는다. 우리는 라다크 사람들을 통해 현대인들의 노동에 관한 강박관념은 시장경제 체제와 밀접한 관련이 있다는 것을 알 수 있다. 노동에 대한 강박은 인간의 본성이 아니라 시장 경제 체제에 인간들이 적응하면서 나타난 새로운 현상임을 증명한 셈이다.

현대 자본주의에서 우리가 노동하는 이유는 바로 돈 때문이다. 여기에 강한 동기부여로 등장한 문화적인 단어가 바로 프로테스탄티즘에 의해 만들어진 '근면'이다. 자본주의적 공장은 근면성을 가르치는 근대의 학교였다. 이 학교는 노동자에게 신성한 노동을 위해 집으로 돌아간 뒤, 지나친 쾌락에 빠지지 말아야 한다고 가르친다. 새로 주입된 생활 습관을 통해 전근대적인 사람들은 노동 중심의 윤리를 내재화한 근대적인 인물로 변하게 되었다. 근대적 현실 원리가 전근대적 쾌락 원리를 압도하는 대전환이 일어나는 순간이다. 이 시점에서 마르크스와 막스 베버가 주장한 노동의 이유를 다시 한 번 정리해 보자.

- 마르크스는 경제적인 조건만으로 노동의 이유를 설명했다.
  인간 = 경제적 동물
- 막스 베버는 문화적 조건, 즉 노동의 가치에 대해 신성시하는 사회적 분위기도 함께 고려한다. 근면한 사람에 대한 높은 평가가 노동의 이유라는 것이다.
  인간=경제적 동물+문화적 동물

베버는 자본주의 자체가 아니라 자본주의의 정신을 분석하려한다. 자본주의의 정신은 "윤리적 색채를 띤 생활 관리의 방법"이다. 이로 인해 자본주의 정신은 개개인의 일상을 규제하고 바꾸어 놓는 힘을 지니게 되었다. 자본주의 정신은 "인간에 의해 집단적으로 유지될, 일종의 세계관"이다. 일반적으로 전통주의의 영향권에 놓여 있는 사람들에게서는 열심히 일해야 할 내적 동기가 발견되지 않는다. 반면에 자본주의 정신을 지닌 사람은 부의 추구를 자랑스러워한다. 돈을 많이 버는 것은 부끄러운 행동이 아니라 오히려 선한 행동으로 간주된다. 노동 윤리의 최고선은 모든 향락을 엄격히 피하면서 돈을 버는 것이다. 우리가 노동을 천시하는 전통주의자가 되느냐 아니면 합리적 자본주의 정신의 소유자가 되느냐는 전적으로 부의 추구와 노동의 의미에 대한 해석의 차이에 달려 있다.

막스 베버는 '성경'에서 전통주의적으로 해석될 수 있는 내용과 자본주의 정신에 따라 강조될 수 있는 내용이 동시에 담겨 있다는 사실을 밝혀냈다. 이 두 내용 중 무엇을 강조하느냐에 따라 노동의 의미와 부의 축적에 대한 신학적 해석은 달라질 수 있는 것이다. 막스 베버는 다음과 같이 주장한다.

"돈에 대한 걱정은 마치 '언제든지 벗어버릴 수 있는 얇은 외투'처럼 성도들의 어깨 위에 걸쳐 있어야 한다. 그러나 운명은 이 외투를 쇠사슬로 만들어버렸다. 금욕주의가 세계를 변형하고 세계 안에서 영향력을 행사하게 되면서, 이 세계의 돈에 대한 걱정은 점증하는 힘으로 인간을 지배하게 되었고 그리하여 마침내는 도저히 벗어날 수 없는 힘으로 인간을 지배하게 되었다."

올더스 헉슬리(Aldous Huxley)의 『멋진 신세계』에도 비슷한 장면이 등장한다. 자동화 시스템으로 인간을 지배하는 사회 말이다. 심지어는 아이도 컨베이어 벨트에서 태어난다. 『멋진 신세계』의 연호는 포드의 자동화 시스템에서 따왔다. 당시 포드 자동차 회사가 T자형 자동차를 출시했던 1908년을 기원 1년으로 정한다. 자동화 시스템을 통한 비인간화를 우회적으로 비판한 것이다. 포드 자동차 공장에서 시작한 포디즘은 지금 우리 사회의 모든 영역으로 확산되었고, 그 결과 소비를 위해 열심히 노동하는 새로운 형태의 노동윤리를 지닌 인간을 만들어낸 것이다. 마르크스의 사위인 폴 라파르그(Paul Lafargue)는 1883년에 자신의 저서 『게으를 수 있는 권리』에서 노동윤리란 지배를 정당화하기 위해 만들어진 담론에 불과하다고 해석했다. 그에 따르면 행복해질 수 있는 방법은 열심히 노동하는 것이 아니라 노동에 대한 강박관념에서 벗어나는 것이다.

노명우의 『프로테스탄트 윤리와 자본주의 정신-노동의 이유를 묻다』에는 이런 글이 있다.

"종교개혁은 근대인들에게 전례 없는 외로움을 남겼다. 가톨릭신자들과 달리 프로테스탄트들은 고립된 존재였다. 가톨릭신자들은 사제의 도움으로 신의 은총을 얻을 수 있었다. 하지만 사제의 도움을 거절한 프로테스탄트들은 종교개혁에 참여한 대가를 혹독히 치러야 했다. 칼뱅주의자들은 이전에 사제에게 의존했던 은총의 확인을 혼자 해나가야 했다. 가톨릭의 낡은 세계를 거부했다는 점에서 그들은 용기 있는 자들이었으나, 그들의 용기가 두려움까지 제압할 수는 없었다. 두려움을 이겨내기 위해 그들은 노동했다. 칼뱅주의는 노동만이 유일하게 은총을 확인할 수 있는 수단이라 했다."

프로테스탄티즘이 많이 희석된 요즘은 근면의 추구보다는 소비를 하기 위해 노동을 하는 것이 아닐까 하는 생각이 든다. 이것은 막스 베버가 주장한 근대의 자본주의와 현대의 자본주의가 달라진 이유일 것이다.

이제 막스 베버의 결론을 정리해 보겠다.

1. 프로테스탄트들은 스스로 직업 인간이 되기를 희망했다.

2. 그러나 우리는 구조적으로 직업 인간이 될 수밖에 없는 세상에 살고 있다.

3. 그러니 피할 수 없으면 즐겨라.

막스 베버의 결론을 요약하면 "프로테스탄트가 주장했던 자본주의와 지금의 자본주의는 다르다는 것"이다. 처음에는 분명히 좋은 의도에서 노동을 장려했다. 지금은 시스템이 인간을 집어삼켰기 때문에 소비가 노동을 장려하는 기이한 세상에서 우리는 살아가고 있다. 오늘만큼은 잠깐 일을 멈추고, 왜 일을 하는가에 대해 나름대로 생각을 정리하는 시간을 가져보면 어떨까.

책은 기본적으로 읽기를 해야 이해할 수 있다. 그러나 읽기만으로는 내용을 이해할 수 없는 경우가 많다. 인간은 망각의 동물이기 때문이다. 그래서 우리에게는 '정리하며 읽기'가 필요하다.

19세기의 심리학자 에빙하우스(Hermann Ebbinghaus)에 따르면 "무의미하게 읽는 경우 10분 후부터 망각이 시작되며, 1시간 뒤에는 50%, 하루 뒤에는 30%, 한 달 뒤에는 20%밖에 기억하지 못한다." 다시 말해 10분 후에 40%, 1시간 후에 50%, 하루 뒤에 70%를 잊어버린다는 것이다.

정말 가슴 깊이 받아들이고 싶은 책이 있다면 정리를 해보자. 책의 내용을 직접 글로 써보면 행간의 의미가 읽히면서 새로운 생각으로 발전되기도 한다. 저자의 생각을 이해하고 따라가다 보면 독자의 수준도 어느새 저자 못지않게 발전할 것이다. 그로 인해 우리는 독서에 대한 자신감을 기를 수 있다.

13

혼자 읽는 '혼독'이 힘들면 독서모임에 참여하자

어떤 사람도 혼자서는 온전한 섬이 아니다.
어떤 사람의 죽음도 그만큼 나를 줄어들게 한다.
나는 인류에 속해 있기 때문이다.
그러니 누구를 위하여 종은 울리나 알려고 사람을 보내지 마라.
그것은 그대를 위하여 울리는 것이니.
−헤밍웨이의 『누구를 위하여 종은 울리나』 중에서

백짓장도 맞들면 낫듯이 지식도 나누는 게 좋아

독서를 통해 저자와 독자 사이에는 대화가 이루어진다. 책의 저자와 독자 사이에는 공감과 반박이 오가며 둘만의 대화가 이루어진다. 저자의 글이 책의 형태로 세상에 태어나면 그것을 해석하고 이해하는 것은 오롯이 독자의 몫이 된다. 저자가 담은 생각이 활자를 통해 전달되지만, 독자의 배경지식에 따라 활자가 가진 에너지는 증폭되기도 하고 감소되기도 한다. 같은 책을 읽어도 사람마다 다르게 이해하는 이유가 바로 여기에 있다. 그래서 우리는 자신이 읽을 책을 다른 사람은 어떻게 이해했을지 알아볼 필요도 있다.

'이렇게 허무하게 죽어버리는 개츠비가 도대체 왜 위대하다는 거지?'

'게으름의 원인은 현실에서 벗어나지 못하고 안주하려는 데에 있었구나.'

'『총·균·쇠』가 인종차별적인 책이라고 그러던데 읽고 나니 좀 다르네. 저자가 국력의 차이를 환경 때문이라고 결론을 내린 것은 결국 인간은 평등하다는 이야기를 하고 싶었기 때문이 아닐까. 저자인 재레드 다이아몬드 교수는 기존의 세계관인 백인 우월주의에 대해 정면으로 도전한 것 같은데……'

이러한 생각들이 들 때면 같은 책을 읽은 다른 사람들의 생각은 어떠한지 궁금해진다. 앞에서 독서는 비움, 채움, 나눔의 반복활동이라고 설명했다. 이제 우리는 '나눔의 독서', 다른 사람과 나누기 위한 독서에 대해 알아보기로 하자.

어느 정도 독서습관이 배이면 우리는 책의 내용을 보다 깊고 다양하게 이해하기 위해 다른 사람과 함께하는 독서모임에 참여해야 할지 고려하게 된다. 그런데 독서모임을 할 때는 얻으려는 자세보다는 나누려는 자세가 필요하다. 지식을 나누면 보답은 두 배로 돌아온다. 상대방이 자신보다 더 많은 것을 알고 있다는 사실을 깨닫는 순간 훨씬 더 많은 것을 얻을 수 있고, 독서모임에 참여한 사람들은 서로에게 도움이 되어 상승기류를 타게 된다. 여하튼 인간은 서로 협력할 때 좋은 결과를 얻을 수 있는데, 경제학에서 자주 이야기되는 '용의자의 딜레마'를 살펴보면 협력이 왜 중요한지 알 수 있다.

용의자의 딜레마는 각자 자신의 이익을 위해 최선의 방법을 선택하더라도, 서로 협력하지 않는 상황에서는 모두에게 이익은커녕 자신에게도 불리한 결과가 발생하는 상황을 일컫는다. 이 용어는 미국 랜드 연구소(RAND Corporation)의 메릴 플러드와 멜빈 드레셔가 공동으로 실시한 실험에서 유래했다. 이후 프린스턴대학교의의 수학자이자 경제학자인 앨버트 터커가 심리학자들을 상대로 게임이론을 강연할 때 사용하면서 '용의자의 딜레마'라는 이름이 붙여지게 되었다.

용의자의 딜레마에는 경찰에 잡혀온 두 명의 용의자가 등장한다. 이들은 공범 관계이다. 경찰은 이들의 유죄를 입증할 만한 증거를 가지고 있지만, 추가적인 범죄에 대해서는 심증만 가지고 있다. 경찰은 자백을 통해 이들의 범죄를 입증하고자 신문한다. 그런데 두 용의자를 함께 신문할 경우 입모양이나 눈빛을 교환하는 등의 방법을 통해 범행을 부인할 가능성이 크다고 판단해 서로 격리시킨 후 개별적으로 신문하게 된다. 취조실에서 경찰은 두 용의자에게 똑같이 제안한다.

"당신이 아무리 묵비권을 행사하더라도 지금 가지고 있는 증거만으로도 충분히 1년 정도 감옥에서 보낼 수 있어. 하지만 당신이 범행을 자백한다면 수사 협조에 대한 보상으로 당신은 석방해 주고, 대신 묵비권을 행사한 다른 방에 있는 용의자는 가중처벌로 10년형을 받게 하겠어. 만약 당신 둘 모두가 자백한다면 정상을 참작하여 각각 6년형을 받게 될 거야."

실제로 용의자들이 서로를 위한 가장 좋은 선택은 똑같이 묵비권을 행사하여 1년씩의 형량을 받는 것이다. 그러나 서로 격리되어 상대방이 어떤 선택을 하는지 알 수 없기 때문에 이들은 고민에 빠진다. 두 용의자는 묵비권을 행사하여 1년씩의 형량을 받는 것이 서로를 위해 최선이라는 것을 알면서도 끝내 자백의 유혹을 뿌리치지 못한다. 왜냐하면 상대가 묵비권을 행사할 경우 자백하면 자신은 석방될 것이기 때문이다. 반대로 자신이 묵비권을 행사하더라도 다른 용의자가 자백하면 자신은 가중처벌을 받게 되기 때문이다.

두 용의자는 모두 이런 생각을 하면서 '자신만을 위해 최선'인 자백을 선택하고 만다. 서로 협력해 모두 묵비권을 행사했다면 1년형으로 끝났을 텐데, 서로를 믿지 못하고 자백함으로써 모두 6년형씩 받게 되어 결국 둘 다 불행해지고 말았다.

자신과 상대의 자백여부에 따른 자신의 수감기간

	상대의 자백	상대의 침묵
자신의 자백	자신의 형량 6년 상대의 형량 6년	자신은 석방 상대의 형량 10년
자신의 침묵	자신의 형량 10년 상대는 석방	자신의 형량 1년 상대의 형량 1년

이러한 용의자의 딜레마는 독서모임에도 적용된다. 혼자 하는 독서와 달리 독서모임은 협업이 요구된다. 독서모임에 참여한 회원들은 혼자서만 열심히 읽어서는 안 된다. 다른 사람은 책을 안 읽었는데 혼자서만 열심히 읽는다면 독서모임은 무의미해진다. 반대로 다른 사람은 모두 읽었는데 혼자만 안 읽는 경우에도 무의미해진다. 독서모임은 모두가 자발적으로 참여할 때 능률이 오를 수 있다.

그런데 독서모임에서 모든 사람이 책을 읽지 않을 때가 종종 있다. 책을 읽어오지 않은 사람은 처음에는 '안 읽었는데 어떻게 하지' 하는 미안함이 생긴다. 하지만 한두 번 독서모임에 참여할 때마다 미안한 마음이 조금씩 누그러지기 시작한다. 자신처럼 책을 안 읽은 사람이 있다는 것을 확인했기 때문이다. 그러면 '저 사람도 안 읽는데 나도 읽을 필요가 없구나' 생각하게 된다. 이러한 생각이 무르익으면 어느덧 책을 읽는 사람은 아무도 없게 된다.

결국 우리는 용의자의 딜레마처럼 서로의 눈치를 봐서는 안 된다. 서로 눈치를 보면서 게으름을 피운다면 애초의 좋은 취지, 각자에게 도움이 되는 깊고 넓은 독서를 하지 못하게 된다.

자신과 상대의 독서여부에 따른 자신의 만족도

	상대의 독서	상대의 비독서
자신의 독서	자신의 기분 : 유쾌 상대의 기분 : 유쾌	자신의 기분 : 불쾌 상대의 기분 : 유쾌
자신의 비독서	자신의 기분 : 유쾌 상대의 기분 : 불쾌	자신의 기분 : 보통 상대의 기분 : 보통

보다 깊고 다양하게 읽고 싶다면
독서모임에 참여해 봐!

성공적인 독서모임을 위해서는 무엇보다 자발적인 참여가 필요하다. 한 사람이 모임을 주도하기보다는 돌아가면서 사회를

맡는 방법도 좋다. 또한 한 그룹의 인원을 소규모로 운영하는 것이 효과적이다. 그래야 책을 읽지 않는 사람이 상대적으로 잘 부각되기 때문이다.

독서모임은 사내 또는 학교 동아리에서도 할 수도 있는데, 만약 사내 또는 학교 동아리에서 독서모임을 진행한다면 다음과 같이 하는 것이 좋다. 특정한 주제와 관련된 독서모임을 원하는 직원들 또는 친구들끼리 하는 것이 효과적이다. 주제와 목적이 분명해야 참여도가 높기 때문이다. 사내 독서모임에서는 회사에 도움이 되는 좋은 결과물을 도출할 수도 있는데, 회사 차원에서 이러한 결과를 내놓는 독서모임을 지원 및 포상한다면 실무에도 활용할 수 있다. 또 학교 독서 동아리에서는 교과서와 연계된 배경지식을 쌓는 책을 읽을 수도 있는데, 독서를 통해 학업성취도를 높일 수 있다.

다음으로 독서모임을 퇴근 이후에 하는 경우에는 다음과 같이 하는 것이 바람직하다. 우리 주위에는 많은 독서모임이 존재한다. CEO를 대상으로 하는 독서아카데미도 있고, 인문고전 또는 자기계발서 등 특정한 분야의 책만 읽는 독서모임도 있다. 나는 사내 독서모임으로는 갈증이 해소되지 않아서 얼마 전까지 외부 독서모임에 참여했다. 하나는 '책벌레'라는 모임이었고, 또 하나는 3P자기경영연구소에서 진행하는 '나비독서모임'이었다.

책벌레는 국가에서 지원하는 전국적인 모임이었는데 지역마다 모임이 있었다. 페이스북으로 모임 소식을 공유했는데, 일정에 맞으면 참여했다. 자발적으로 참여할 수 있고 20~30대가 많아서 토론의 밀도가 상당히 높았다. 한 달에 두 번 모였고 한 번은 지정 도서, 한 번은 자유 도서를 읽었다. 그러나 아쉽게도 갈수록 모임에 참여하는 사람들의 열기가 식었다.

그 후에 찾은 곳이 3P자기경영연구소에서 진행하는 '나비독서모임'이었다. 이 독서모임에는 책을 좋아하는 사람들이 매주 100여 명 참석한다. 나비는 '나로부터 비롯되는 선한 영향력'이라는 뜻이다. 자원봉사하는 학생과 열심히 참여하는 어른들로 인해 모임은 매번 열기로 가득하다. 한 조는 6~7명으로 구성되며, 신입회원은 3주간의 OT를 받고 나서 조에 편성될 수 있다. 한 달에 두 번은 지정 도서를 읽고 모이며, 나머지 두 번은 자유 도서를 읽는다. 시간은 매주 토요일 새벽 6시 45분부터 9시까지 진행한다. 3P자기경영연구소의 강규형 대표님은 평일은 일하느라 바쁘고 주말은 가족들과 보내야 해서, 적절한 시간을 찾다 보니 토요일 새벽이 되었다고 설명한다. 전국에서 가장 큰 규모의 독서모임을 자랑하는 김형환 교수님의 '연합나비독서모임'도 강남에서 열린다.

이런 독서모임에 참석할 때마다 사람들의 독서에 대한 열망에 감동을 받는다. 예전에는 독서모임을 한다고 하면 왠지 으슥한 곳에서 사상교육을 한다고 생각하는 사람들도 있었다. 하지만 지금은 다양한 독서모임들이 활성화되어 있다. 책을 읽고 나누는 시민들이 있는 한 대한민국의 미래는 참으로 밝다.

조직이 화합되지 않는다고?
독서모임을 활용해 봐!

경상남도 김해의 지역센터를 방문했을 때의 일이다. 이야기 도중에 센터장님이 신규 교사들과 기존 교사들의 화합을 이끌어내는 것에 대한 고민을 털어놓으셨다. 당시에 김해 지역센터의 실적이 좋았기 때문에 센터장님의 고민은 의외였다. 잠시 대화를 멈춘 사이에 바깥에서 택배기사가 문을 두드렸다. 택배를 받기 위해 센터장님이 자리를 비우신 동안에, 나는 정성스럽게 담아주신 로즈마리 허브 차를 마시면서 그 문제에 대한 해결점에 대해 곰곰이 생각해 보았다.

마침 얼마 전에 읽은 미국의 컨설턴트 데이비드 앨런(David Allen)의 『끝도 없는 일 깔끔하게 해치우기』라는 책이 떠올랐다.

그 책에는 'GTD(Getting Things Done)'라는 업무관리법이 소개되어 있었다. 우리가 하는 일들은 크게 두 가지로 분류할 수 있다. 하나는 하고 싶어서 하는 일이고, 다른 하나는 하기 싫어도 해야 하는 일이다. 스트레스는 하기 싫어도 해야 하는 일 때문에 발생한다. 이런 일에 우선순위를 만들어 할 일과 버릴 일을 찾아내는 방법이 GTD이다. 다섯 단계를 하나씩 체크하다 보면 일의 우선순위가 도출된다. 앨런이 소개하는 다섯 단계는 다음과 같다.

1단계(수집): '신경 쓰이는 일들'을 모두 적는다.
2단계(처리): 적어 내려간 일들을 다음의 'GTD에 따른 해야 할 일 리스트'에 따라 분류한다.
3단계(정리): 작성한 리스트를 익숙한 툴에 적용한다.
4단계(리뷰): 처한 상황과 역량을 파악하여 지금 할 수 있는 일을 살펴본다.
5단계(실행): 지금 할 수 있는 것 중에 해야 할 일을 실행한다.

차를 마시면서 나는 센터장님의 고민을 다음과 같이 GTD에 그려보았다. GTD가 거의 정리되었을 쯤 센터장님이 돌아오셨다. 나는 가방에서 출장기간에 읽으려고 가져온 책을 한 권 꺼냈다. 저자 강연회에 가서 샀던 『대한민국 독서혁명』이라는 책이었다. 책을 드리면서 이렇게 말씀드렸다.

"센터장님 말씀을 들으니 교사들이 서로 대화를 좀 더 많이 나눌 필요가 있겠습니다. 다음번 교사 모임에는 독서모임을 한 번 해보세요. 이 책을 참고하시면 괜찮은 아이디어를 얻으실 수 있으실 겁니다."

GTD에 따른 해야 할 일 리스트

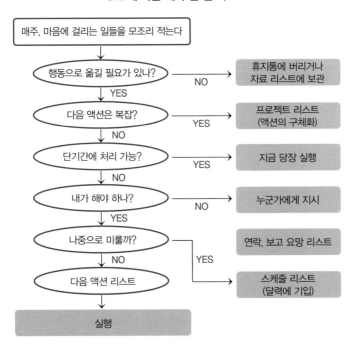

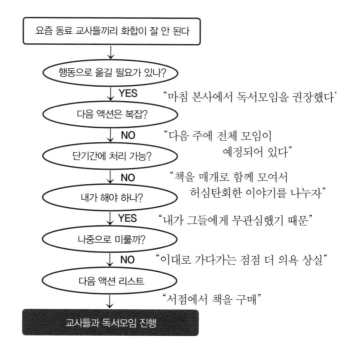

김해 지역센터에 적용한 GTD

요즘 동료 교사들끼리 화합이 잘 안 된다

행동으로 옮길 필요가 있나?
↓ **YES**
"마침 본사에서 독서모임을 권장했다'

다음 액션은 복잡?
↓ **NO**
"다음 주에 전체 모임이 예정되어 있다"

단기간에 처리 가능?
↓ **NO**
"책을 매개로 함께 모여서 허심탄회한 이야기를 나누자"

내가 해야 하나?
↓ **YES**
"내가 그들에게 무관심했기 때문"

나중으로 미룰까?
↓ **NO**
"이대로 가다가는 점점 더 의욕 상실"

다음 액션 리스트
↓
"서점에서 책을 구매"

교사들과 독서모임 진행

센터장님은 자신의 고민을 해결해 줄 구체적인 방법을 알려 주어서 감사하다고 하셨다. 꼭 한 번 시도해 보겠노라고 다짐 까지 하셨다.

그로부터 머지않아 센터장님으로부터 고맙다는 연락이 왔 다. 마스다 미츠히로의 『청소력』이라는 책으로 독서모임을 했는데, 케이크를 준비한 교사가 있어서 나누어 먹기도 하고 신나게 책을 던지며 파이팅을 외쳤다고 했다. 센터장님이 보내주신 카카오톡 사진을 보니 교사들이 모두 기뻐하며 환호성을 지르고 있었다.

"팀장님, 감사합니다. 덕분에 우리 센터가 활기를 되찾았습니다."

독서는 회사 등에서 조직의 커뮤니케이션을 활성화시켜 구성원들의 관계를 회복하는 매개체가 되기도 한다. 딱딱하고 지루한 회의시간을 독서모임으로 대체하면 분위기도 화기애애해지고, 뜻밖의 아이디어도 도출할 수 있다. 독서모임은 생산적인 독서생활을 하기 위해서도 필요하지만 조직을 화합하는 데도 활용될 수 있는 것이다.

14
독서력을 단계별로 키워주는 능률독서 프로젝트

책은 삶에 있어서 그림이나 도시의 사진과 같은 것이다.
뉴욕이나 파리의 사진은 보았으나 실제로 가본 적은 없는 독자가 많다.
그러나 현자는 글과 함께 인생 자체도 읽는다.
우주는 한 권의 커다란 책이다. 그리고 인생은 커다란 학교다.
—린위탕의 『처세론(생활의 발견)』 중에서

능률독서 프로젝트 계획표를 만들어보자

이제까지 우리는 프레이밍과 3W, 2W, H 등 단계별 독서법에 대해 알아보았다. 1단계인 '프레이밍'에서는 자신에게 적합한 독서 프레이밍을 설정하는 방법을 알아보았다. 2단계인 '3W'에서는 자신의 취향과 상황에 맞게 어디에서 언제 독서해야 좋을지를 헤아려보았다. 3단계인 '2W'에서는 다중지능 검사 등을 통해 자신의 목적에 맞는 책을 고르는 법을 알아보았다. 4단계인 'H'에서는 속독과 정독 등 여러 유형의 독서유형 중에서 자신에게 적합한 독서유형을 발견하는 법을 살펴보았다.

그리고 이제까지 살펴본 4단계 독서법을 완성하는 마지막 5단계 독서법에 대해 알아볼 것이다. 이제부터 우리가 알아볼 마지막 5단계 독서법은 바로 '석세스 리딩'이다. 책을 읽고 나서 아무것도 남는 것이 없어서 답답했던가? 석세스 리딩을 통해 그러한 문제를 개선해 보기로 하자. 독서기록장을 작성하면서 읽었던 책 중에서 좋았던 책을 다시 한 번 읽어보자. 독서모임에도 참가하고, 책을 필사하는 등 독서력을 높여보자. 우리는 이러한 일들을 실천하기 위해 능률독서 프로젝트 계획표를 만들어볼 것이다. 능률독서 프로젝트 계획표는 다음과 같다.

능률독서 프로젝트 계획표

단계	프레이밍	3W	2W	H	석세스 리딩
1단계	나에게 적합한 프레이밍 설정				
2단계		감명깊게 읽은 책 목록작성 독서장소 정하기 독서일과표 만들기			
3단계			도서선정 목록작성 다중지능 검사		
4단계				정독하기 훈련 두 권 이상의 책 동시 읽기	
5단계					정리하며 읽기 좋았던 책 다시 읽기 필사도전 외부독서모임 참가

3W, 나에게 맞는 독서 시간과 장소를 정하자

독서는 자신의 독서력을 자각하는 것부터 시작해야 한다. 해마다 독서 인구가 줄고 있지만 자신의 독서력이 부족하다고 생각하는 사람은 의외로 많지 않다. 책을 자주 읽지 않는데도 자신의 독서력이 결코 부족하지 않다고 생각하는 사람이 많은 것이다. 최근에 책을 읽은 것이 언제냐고 물으면 10년 전이라고 말하는 사람이 상당히 많다. 하지만 책장에 꽂아 둔다고 해서 독서를 한 것은 아니다. 책을 읽어야 독서를 했다고 말할 수 있는 것이다. 이제부터 자신의 독서력을 진단하고, 언제 어디에서 책을 읽을지 정해 보기로 하자.

1. '감명 깊게 읽은 책' 표 만들기

우선 자신의 독서력을 알아보기 위해 해야 할 일이 있다. 다음과 같이 '감명 깊게 읽은 책'의 표를 만들자. 그동안 자신이 읽은 책들 중에서 감명 깊게 읽었던 책의 제목과 저자 및 출판사 등을 기록해 보자. 이 표는 각자 따로 만들어도 되고, 이 책의 '부록'에 실린 '감명 깊게 읽은 책' 양식을 사용해도 좋다.

감명 깊게 읽은 책(예)

No.	분야 (문학/비문학)	제목	저자/출판사	마지막 읽은 때
1	비문학	로마인 이야기	시오노 나나미/한길사	2008년 7월
2	문학	카라마조프가의 형제들	도스토예프스키/민음사	2014년
3	비문학	세계사 편력	네루/일빛	2016년 3월
4	비문학	자본론 1권	마르크스/길	2015년 9월
5	비문학	카네기 인간관계론	카네기/ 씨앗을뿌리는사람들	2016년 3월
6	비문학	성공하는 사람들의 7가 지 습관	스티븐 코비/김영사	2017년 8월
7	문학	걸리버 여행기	조나단 스위프트/비룡소	2017년 2월
8	문학	에덴의 동쪽	존 스타인벡/민음사	2005년 3월
9	비문학	그릿	A. 더그워스/ 비즈니스북스	2016년 12월
10	비문학	굿바이 게으름	변요한/더난	2008년 6월

　이 표는 내가 읽은 책들 중에서 감명 깊게 읽었던 책을 기록한 것이다. '감명 깊게 읽은 책'의 표는 다음과 같이 작성하면 된다. 우선 가장 감명 깊게 읽은 순서대로 맨 위부터 적으면 된다. 만약 최근에 읽은 책이 없다면 학창시절에 읽은 책을 적어도 좋다. 여러 권짜리는 하나로 취급한다. 분야는 문학과 비문

학으로 나누어 기록한다. 문학은 시, 소설, 희곡 등의 창작물을 말하고, 비문학은 경제경영, 자기계발, 자서전, 에세이, 인문, 사회, 과학, 철학 등의 논픽션을 말한다. 여러 번 읽은 경우는 마지막에 읽은 때를 기록한다. 예를 들어 도스토예프스키의 『죄와 벌』을 처음 읽은 것이 1994년이고 최근에 읽은 것이 2014년이라면 2014년이라고 적는다. 몇 월에 읽었는지 기억하지 못하는 경우에는 연도만 써도 충분하다. 목록은 1권 이상 기록하면 되고 10권을 넘지 않도록 작성한다. 자, 이제 표를 모두 작성했다면 다음 단계로 넘어가자.

2. '독서 장소' 표 만들기

이제 책을 어디에서 읽을지 정해 보기로 하자. 먼저 집에서 가장 가까운 서점, 공공도서관이나 마을도서관의 위치를 검색하여 다음의 '독서 장소' 표에 기록해 본다. 직장 또는 학교에서 가장 가까운 서점과 도서관의 위치도 검색하여 기록한다. 우리가 책을 손에 쥐는 순간부터 '가정-회사'를 오가는 반복적인 패턴은 '가정-책-회사'로 넓어진다. 가정과 회사만 오가던 직장인이 퇴근길 지하철에서 『눈먼 자들의 도시』를 읽는다면 또 다른 세상에 다다르게 된다. 일상과는 다른 특별한 세상, 모든 사람이 눈먼 자들이 되어버린 책 속의 세상을 경험하게 되는 것이다. 퇴근길에 잠시 심리적인 '제3의 공간'에 다녀온 셈이다.

주말이라면 분위기 좋은 카페를 독서 장소로 활용하는 것도 좋다. 도보나 차량으로 이동할 수 있거나 집에서 가까운 카페도 독서 장소로 적합할 것이다. 집과 회사, 학교 근처 등에서 독서 장소로 적합한 곳을 생각해냈다면 '독서 장소' 표에 기록해 보자.

독서 장소(예)

지역	장소명	위치	최근방문일
집 근처	분당도서관	집에서 도보로 10분	지난 주말
	교보문고	서현역 부근	한 달 전
	알라딘 중고서점	서현역 부근	세 달 전
	비밀정원(카페)	집에서 차로 10분	이틀 전
직장 근처	교보문고	타임스퀘어 부근	1년 전
	알라딘 중고서점	합정역 부근	6개월 전
	사내 자료실	사내	하루 전
	톰앤톰스	도보로 5분	이주일 전

3. 독서일과표 만들기

일본 최대 디스카운트 스토어인 '돈키호테'는 정글진열방식으로 유명한 매장이다. 가장 인기 있는 상품은 통로 안쪽이나 고객의 손이 닿지 않는 선반 위에 두고, 닿기 쉬운 곳에는 마진

이 큰 자체 PB(Private Brand) 상품들이 깔려 있다. 고객이 마치 정글 속을 탐험하듯 원하는 물건을 찾는 재미를 맛볼 수 있도록 구성한 것이다.

바쁜 현대인들에게 일과표를 만드는 일은 '돈키호테' 매장에서 원하는 상품을 찾아 헤매는 것만큼이나 어려운 일일 수도 있다. 하지만 하루 중 독서를 할 수 있는 시간을 찾아 독서일과표를 만들어보자. 작심삼일이라는 말이 있듯이 결심만 한다고 해서 오래도록 실천할 수 있는 것은 아니다. 계획을 실천하기 위해 독서일과표를 만들 필요가 있다. 하루 중 숨어 있는 여유 시간을 찾아 독서일과표를 만들면 동기부여가 될 수도 있다.

독서일과표는 평일을 기준으로 작성한다. 수면, 식사, 출퇴근, 등하교 등 고정된 일과를 먼저 표시하고 독서가 가능한 여유시간을 찾아 표시한다. 대중교통으로 출퇴근 혹은 등하교하는 경우에는 그 시간도 독서시간으로 활용할 수 있다.

여기까지의 기록을 마치면 독서를 위한 첫 번째 준비는 마친 셈이다. '독서 장소표'와 '독서일과표'는 자기 자신뿐만 아니라 배우자와 가족, 지인 등 모든 사람이 활용할 수 있을 것이다.

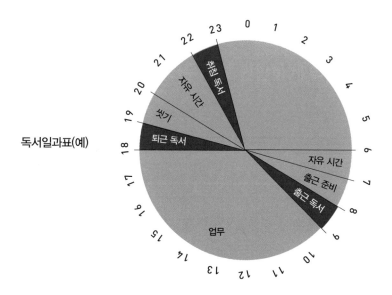

독서일과표(예)

2W, 나에게 맞는 책을 골라보자

━━━━━━━━━━━━━━━━━━━━━━━━━━━━━━━ 📚

　이번에는 자신을 위한 독서의 목적을 생각해 보자. 앞에서 나는 독서의 목적을 크게 세 가지로 나눌 수 있다고 했다. 첫 번째는 공감과 감동을 위한 힐링의 독서, 두 번째는 습관이나 행동을 바꾸기 위한 교정의 독서, 세 번째는 정보 습득을 위한 지식의 독서가 있다. 그런데 이 세 가지 목적과 다른 목적으로 책을 읽는 경우도 있을 것이다. 이처럼 세 가지 목적과 다른 목적으로 책을 읽는 경우를 '나만의 목적'이라고 명명하기로 하자.

독서의 목적을 명확히 하기 위해 앞에서 작성한 '감명 깊게 읽은 책'의 표를 활용해 보자. 앞에서 적은 감명 깊게 읽은 책들의 제목과 분야를 독서의 목적에 따라 '도서선정목록'에 옮겨 적는다. 그러면 독서의 목적에 따라 '힐링의 독서', '교정의 독서', '지식의 독서', '나만의 목적' 등 네 가지 카테고리로 구분할 수 있다.

그런데 이 '도서선정목록'에는 모두 20권의 책이 들어가야 하는데, 빈자리가 생길 것이다. 이 빈자리에는 여러분이 읽고 싶은 책을 추가하면 된다. 서점의 베스트셀러나 스테디셀러를 빈자리에 넣어도 좋고 여러 단체 등의 추천도서를 빈자리에 넣어도 좋다. 참고로 자신이 읽을 책을 선정할 때는 온라인 서점의 서평에 의존하기보다는 직접 서점에 가서 책을 읽어보는 것이 좋다. 이때 저자 프로필과 목차, 첫 장(Chapter)은 반드시 읽어보는 것이 바람직하다.

이렇게 '힐링의 독서', '교정의 독서', '지식의 독서', '나만의 목적' 등 네 가지 카테고리에 따라 20권 모두를 선정했다면 도서선정목록이 완성될 것이다. 그런데 여러분 중에는 이러한 방식에 반감을 느낄 분들이 있을 수도 있다. 왜 굳이 네 가지 카테고리별로 5권씩 책을 읽어야 하느냐고 하실 분들이 있을 것이다.

감성과 이성 중 어느 한쪽으로 치우치는 것보다는 두 가지가 적절한 균형을 이루는 것이 낫지 않을까? 독서를 통해 우리는 감성과 이성을 넓힐 수 있는데, 문학과 비문학 두 분야를 균형 있게 읽으면 우리의 내면 역시 균형 있게 성장할 수 있다. 비문학의 비중이 높으면 문학을 좀 더 읽도록 노력하고, 문학의 비중이 높으면 비문학을 좀 더 읽는 것이 좋다. 문학과 비문학을 균형 있게 읽으면 편독을 방지할 수도 있다. 편독은 특정 분야의 책만 읽는 것을 말한다. 편식이 영양의 불균형을 초래해 건강에 좋지 않은 것처럼, 편독 또한 지식의 불균형을 낳는다. 따라서 우리는 편독을 피해야 하는데, 비문학과 문학의 독서 비율은 어린이와 청소년이라면 5대5가 이상적이고 성인이라면 8대2에서 6대4 사이가 적당하다.

도서선정목록(예)

독서의 목적	제목(작가)	분야
공감과 감동을 위한 힐링의 독서		
	카라마조프가의 형제들(도스토예프스키)	문학
	에덴의 동쪽(존 스타인벡)	문학
	걸리버 여행기(조너던 스위프트)	문학

습관·행동을 바꾸기 위한 교정의 독서		
	카네기 인간관계론(카네기)	비문학
	굿바이 게으름(변요한)	비문학
	그릿(엔젤라 더그워스)	비문학
정보 습득을 위한 지식의 독서		
	세계사 편력(네루)	비문학
	로마인 이야기(시오노 나나미)	비문학
	자본론 1권(마르크스)	비문학
나만의 목적 (시간 관리)		
	성공하는 사람들의 7가지 습관(스티븐 코비)	비문학

이제 '도서선정목록'에 기록된 책들을 골고루 읽으면 된다. 이때 반드시 지켜야 할 규칙이 있다. 예전에 읽었던 책도 반드시 다시 읽어야 한다는 것이다. 좋은 책이라면 한 번 더 읽을 필요가 있다. 반복독서를 하면 전에 몰랐던 새로운 사실을 깨달을 수도 있다. 이 점을 명심하기 바란다.

H, 나에게 맞는 독서법을 골라보자

"비관주의자는 매일 한 장씩 떼어내는 달력이 날이 갈수록 얇아지는 것을 두려움과 슬픔으로 바라보는 사람과 같다. 낙관주의자는 달력을 한 장 한 장 떼어 그 위에 몇 마디 일기를 써놓고 주의 깊게 보관하는 사람과 같다. 그는 이 일기에 적어 놓은 모든 귀중한 것과 충실하게 살아온 자기 삶의 전부를 긍지와 기쁨을 갖고 회고할 수 있다."

정신과 의사 빅터 프랭클의 말이다. 비관주의자와 달리 낙관주의자는 일기를 쓰는 과정에서 삶에 긍지와 기쁨을 갖는다. 독서 역시 그 과정에서 긍지와 기쁨을 가지는 것이 중요하다. 하지만 독서 과정에서 지루함을 느끼는 경우도 있다. 이러한 문제를 없애기 위해서는 올바른 독서법이 필요하다. 앞에서 우리는 독서의 목적에 따라 힐링의 독서, 교정의 독서, 지식의 독서로 나뉜다고 알아보았는데, 독서법은 독서의 목적에 따라 달라져야 한다.

만약 공감과 감동을 위한 힐링의 독서를 하고자 한다면 필사하는 것도 좋을 것이다. 책 전체를 필사하면 좋겠지만 처음에는 좋은 글귀를 중심으로 문장 단위로 필사하라. 손은 제2의 뇌이고 발은 제2의 심장이라는 말이 있다. 펜이건 키보드건 책의 내용을 읽기만 하는 것보다는 직접 필사하면 미처 몰랐던 행간의 의미가 손끝을 타고 전해진다. 또 필사하는 과정에서 일상생활의 고민거리가 사라질 수도 있을 것이다.

또 습관과 행동을 바꾸기 위한 교정의 독서를 하고자 한다면 책을 읽고 나서 몇 개월 후에 다시 한 번 읽는 것이 바람직하다. 책을 읽고 자신이 미처 바꾸지 못한 점들이 있지는 않은지 살펴볼 수 있기 때문이다. 책을 읽는 것보다 실행하는 것이 더 중요하다는 점을 깨달을 수 있을 것이다.

정보 습득을 위한 지식의 독서를 하고자 한다면 독서 후에 독서기록장 등을 작성하는 것이 좋다. 내가 만난 어떤 분은 독서모임에서 3시간 동안 읽고 6시간 동안 정리한다고 한다. 책의 내용을 기록으로 남길 때는 줄거리를 그대로 적기보다는 나와 책의 연결고리를 중심으로 작성하는 것이 좋다. 책의 내용을 중심으로 그 문장에 대한 자신의 생각을 함께 적어 내려가는 것이 좋다. 이러한 기록을 남기다 보면 책 속의 주요 이론과 개념을 자기 것으로 만들게 된다.

이외에도 책을 읽을 때는 다음과 같이 하는 것이 바람직하다.

1. **건너뛰기:** 읽기 어려운 책이라면 일단 멈추고 다른 책으로 넘어가라.

2. **완독우선:** 앞부분을 기억하지 못하더라도 일단 끝까지 읽은 다음에 앞부분으로 돌아가라.

3. **집중독서:** 책을 읽을 때 스마트폰은 '방해금지모드'로 해 둔다.

4. **깊이읽기:** 천천히 음미하면서 읽어라. 읽다 보면 자연스레 독서 속도가 빨라지니 속도에 연연하지 말라.

5. **백쪽독서:** 믿을 만한 사람이 추천해 준 책이라면 100페이지까지는 무조건 읽어보라. 그 이후에 계속 읽을지 나중에 읽을지를 결정해도 늦지 않다.

6. **밑줄독서:** 주요 키워드를 색연필이나 형광펜으로 줄을 그어가며 읽으면 집중력이 높아진다.

7. **파생독서:** 읽다가 해당 주제가 궁금하면 다음 책으로 넘어가기 전에 유사 주제의 책을 좀 더 읽어보라.

8. **비교독서:** 읽기 전에 제목이나 서문만 보고 어떤 내용일지 메모해 본다. 다 읽고 난 후 처음 생각과 얼마나 비슷한지 비교해 본다. 독서량이 늘수록 그 차이가 좁혀질 것이다.

9. **독서기록:** 다 읽은 다음에는 짧게라도 정리해 둔다.

10. **목록관리:** 앱 등을 활용하여 읽은 책의 목록을 적어두자. 그중에 좋았던 책의 목록을 별도로 기록해 두는 것도 좋다.

석세스 리딩, 나에게 맞는 독서법을 실천하자

이제 마지막 단계의 독서법인 '석세스 리딩'에 대해 알아보자. 나에게 맞는 독서 시간과 장소, 독서법 등을 선택했다면 이제 독서능률을 한층 더 올리는 방법인 석세스 리딩을 활용해야 한다. 성공적인 독서를 위해서는 독서기록장을 작성하거나 독서모임에도 참가하고, 책을 필사하는 등의 노력이 필요하다.

예를 들어 한우리독서토론논술의 성남 지역센터장님은 책을 읽고 반드시 필사를 하겠다는 목표를 세우고 꾸준히 실천하신다. 센터장님은 학부모 상담이나 학생 지도를 위해 많은 교육 관련 논문과 문헌 등을 읽어보셨다. 그러다가 책에 밑줄을 그은 좋은 문장도 필사하기 시작한 것이다. 필사 습관을 몸에 익힌 센터장님은 "필사는 책을 세 번 읽는 것과 같다"고 강조하신다. 먼저 눈으로 읽고, 두 번째는 생각하면서 읽고, 세 번째는 좋은 문장을 쓰면서 읽는다. 센터장님은 학창시절부터 기록한 노트를 펼쳐 보이며 이렇게 말씀하신다.

"책은 머리로 읽는 게 아니라 가슴으로 읽는 것이라고 생각해요. 읽다가 중간에 그만 읽는 책도 많은데, 그런 경우는 아무리 등장인물을 기억해내려고 이름을 암기해 둬도 기억이 나지 않죠. 하지만 끝까지 읽은 책은 한참이 지나도 등장인물의 이름은 물론 성격까지도 또렷하게 기억에 남는답니다. 만약 한 장으로 일목요연하게 정리까지 해둔다면 훨씬 기억에 남겠지요. 모든 책을 기록하지는 못하지만 인상 깊은 책은 기록해 두려고 노력한답니다."

이렇게 정리한 독서기록장은 학생들을 가르칠 때나 독서지도사들을 교육할 때 활용할 수 있다. 책은 혼자 읽는 것보다 나눌 때 감동과 지식이 커진다는 것을 몸소 실천하고 계시는 셈이다.

석세스 리딩 그레이트 코스 추천도서

한우리열린교육에서는 임직원들의 독서능력을 향상시키기 위해 '한우리 그레이트 코스'를 운영한 적이 있다. '그레이트 코스'라는 명칭은 존 스튜어트 밀(J. S. Mill)식 독서법을 반영한 시카고대학의 'The Great Books Program'에서 아이디어를 얻은 것이다. 시카고대학은 인류 역사상 세 손가락 안에 드는 부자인 미국의 석유재벌 존 록펠러(John Davison Rockefeller)가 세운 학교다. 이 대학은 1892년에 설립되었는데 1929년까지만 해도 소문난 삼류학교였다. 미국에서 가장 공부를 못하고 가장 사고 치는 학생들이 주로 입학했던 학교였기 때문이다. 그런데

이 학교가 1929년부터 변하기 시작했다. 이 학교 출신의 노벨상 수상자들이 늘어났기 때문이다.

1929년부터 2010년까지 이 대학 출신들이 받은 노벨상은 무려 81개에 이른다. 1929년에 로버트 허친스(Robert Maynard Hutchins)는 시카고대학의 총장으로 부임했다. 존 스튜어트 밀의 독서법에 정통한 그는 설령 바보일지라도 존 스튜어트 밀의 독서법인 고전 읽기를 충실히 따른다면 아인슈타인이나 에디슨처럼 후천적으로 성장할 수 있다고 보았다. 독서를 통해 천재적인 두뇌를 가진 인재로 성장할 수 있다고 생각한 것이다. 로버트 허친스 총장은 시카고대학을 세계적인 명문대학으로 키우겠다는 야심을 가지고 새로운 계획을 발표했다. 그 계획은 바로 '시카고 플랜'이다.

시카고 플랜은 인류의 위대한 지적 유산인 철학과 문학 등의 고전 100권을 달달 외울 정도로 읽지 않은 학생은 졸업시키지 않는다는 교육 방침이었다. 시카고 플랜이 시행되자 그동안 책이라고는 교과서밖에 몰랐던 시카고대학생들은 고전을 읽지 않을 수 없었다. 그들은 울며 겨자 먹기 식으로 위대한 고전 100권을 읽기 시작했다.

처음에는 어떤 변화도 일어나지 않았다. 그러나 고전을 한두 권씩 읽으면서 점차 변화가 일어나기 시작했다. 책 속의 지식과 지혜가 학생들에게 전해지기 시작한 것이다. 그 결과 많은 노벨상 수상자를 배출하게 된 것이다.

미국의 유명한 철학자 얼 쇼리스(Earl Shorris)는 정규 교육조차 제대로 받지 못한 노숙자 빈민 출신의 저소득층을 대상으로 존 스튜어트 밀의 독서법을 전파했다. 저소득층을 위한 고전 학교를 열고 플라톤의 책에 나오는 대화법을 활용해 그들에게 윤리학과 논리학, 예술, 문학 등을 강의했다. 얼 쇼리스의 강의를 들은 사람들은 놀랍게도 모두 대학에 진학했고 좋은 직장에 취직했다.

'한우리 그레이트 코스' 역시 장르별로 100권의 고전을 엄선하였다. 그리고 참여자들이 매월 두 권을 선정하여 함께 읽고 독서기록을 하며, 직원들 앞에서 프레젠테이션을 하는 3년 과정으로 진행되었다. 책의 수준을 감안하여 희망자에 한해 진행했는데, 참가자 모두 매우 만족했던 프로그램이다. 나는 이를 바탕으로 현재 절판되었거나 반응이 좋지 않았던 책의 목록은 빼고, 새로 추가할 책은 추가해 도서목록을 100권으로 만들었다. 나는 이 도서목록을 '석세스 리딩 그레이트 코스'라고 이름 붙였는데, 여기서 소개하는 책들을 읽고 여러분의 독서력이 크게 향상되기를 바란다.

석세스 리딩 그레이트 코스 추천도서

분야	제목	저자	출판사
세계문학	그리스인 조르바	니코스 카잔차키스	열린책들
세계문학	위대한 개츠비	스콧 피츠제럴드	열림원
세계문학	대지	펄 벅	문예출판사
세계문학	허삼관 매혈기	위화	푸른숲
세계문학	앵무새 죽이기	하퍼 리	열린책들
세계문학	걸리버 여행기	조너던 스위프트	비룡소
세계문학	프랑켄슈타인	메리 셸리	문학동네
세계문학	모히칸 족의 최후	제임스 페니코어 쿠퍼	열린책들
세계문학	돈 키호테	세르반테스	시공사
세계문학	레 미제라블	빅토르 위고	민음사
세계문학	호밀밭의 파수꾼	제롬 D. 셀린저	민음사
세계문학	두 도시 이야기	찰스 디킨스	창비
세계문학	카라마조프가의 형제들	도스토예프스키	민음사
세계문학	자기 앞의 생	에밀 아자르	문학동네
세계문학	젊은 예술가의 초상	제임스 조이스	열린책들
세계문학	아Q정전	루쉰	을유문화사
세계문학	달과 6펜스	서머싯 몸	민음사

세계문학	모비 딕	허먼 멜빌	작가정신
세계문학	이반일리치의 죽음	톨스토이	펭귄클래식코리아
세계문학	분노의 포도	존 스타인벡	민음사
세계문학	목로주점	에밀 졸라	문학동네
세계문학	성	프란츠 카프카	창비
세계문학	장미의 이름	움베르트 에코	열린책들
세계문학	로빈슨 크루소	다니엘 디포	펭귄클래식코리아
세계문학	누구를 위하여 종은 울리나	헤밍웨이	민음사
세계문학	주홍글자	나다니엘 호손	을유문화사
세계문학	천국에서 만난 다섯 사람	미치 엘봄	살림
세계문학	맥베스	셰익스피어	민음사
경제경영	카네기 인간관계론	데일 카네기	씨앗을뿌리는사람
경제경영	작은 것이 아름답다	E. F. 슈마허	문예출판사
경제경영	케인스 하이에크	니컬러스웝숏	부키
경제경영	제3의 물결	엘빈 토플러	한국경제신문사
경제경영	신호와 소음	네이트 실버	더퀘스트
경제경영	생각에 관한 생각	대니얼 카너먼	김영사
경제경영	마케팅 불변의 법칙	알리스, 잭트라우스	비즈니스맵
경제경영	성공하는 기업들의 8가지 습관	짐 콜린스	김영사
경제경영	머니볼	마이클 루이스	비즈니스맵

경제경영	왜 일하는가	이나모리 가즈오	서돌
철학	노자를 읽고 장자에게 배운다	푸페이룽	지와사랑
철학	도덕경	노자/최상용 역	일상과이상
철학	논어	공자 저/김원중 역	글항아리
철학	맹자, 사람의 길	김용옥	통나무
철학	강의, 나의 동양고전독법	신영복	돌베개
철학	담론	신영복	돌베개
철학	주역, 인간의 법칙	이창일	위즈덤하우스
철학	한비자	한비자/김원중 역	글항아리
철학	채근담	홍자성	현암사
철학	소크라테스의 변명	플라톤	문예출판사
철학	생활의 발견	린위탕	혜원출판사
철학	사랑의 기술	에리히 프롬	문예출판사
철학	도덕의 계보학	프리드리히 니체	연암서가
철학	행복의 정복	버트런드 러셀	사회평론
역사	유대인 이야기	홍익희	행성B:잎새
역사	정조와 철인정치의 시대	이덕일	고즈원
역사	사기 선집	사마천/김원중 역	민음사
역사	열하일기	박지원	현암사
역사	징비록	류성룡	현암사

역사	세계사 편력	자와할랄 네루	풀빛
역사	중국의 붉은 별	에드가 스노	두레
역사	역사란 무엇인가	E. H. 카	까치
인물	백범일지	김구/도진순 편저	돌베개
인물	간디 자서전	간디	문예출판사
인물	도산 안창호	이광수	세시
인물	나의 생애와 사상	슈바이처	문예출판사
인물	링컨	프레드 케플런	열림원
인물	체게바라 평전	장 코르미에	실천문학사
인물	프랭클린 자서전	벤자민 프랭클린	느낌있는책
인물	정약용: 조선의 르네상스를 꿈꾸다	함규진	한길사
인물	플루타르코스영웅전	플루타르코스	숲
인물	스콧 니어링 자서전	스콧 니어링	실천문학사
인물	닥터 노먼 베쑨	테드 알렌	실천문학사
과학	이기적 유전자	리처드 도킨스	을유문화사
과학	신갈나무 투쟁기	차윤정, 전승훈	지성사
과학	과학, 철학을 만나다	장하석	지식플러스
과학	코스모스	칼 세이건	사이언스북스
과학	과학혁명의 구조	토마스 쿤	까치
예술	반 고흐, 영혼의 편지	빈센트 반 고흐	예담

예술	오주석의 한국의 미 특강	오주석	솔
예술	우리 건축 서양 건축 함께 읽기	임석재	컬쳐그라퍼
한국문학	칼의 노래	김훈	문학동네
한국문학	황만근은 이렇게 말했다	성석제	창비
한국문학	개밥바라기별	황석영	문학동네
한국문학	검은 꽃	김영하	문학동네
한국문학	황제를 위하여	이문열	민음사
사회	총·균·쇠	재레드 다이아몬드	문학사상사
사회	침묵의 봄	레이첼 카슨	에코리브로
사회	강대국의 흥망	폴 케네디	한국경제신문사
사회	군주론	마키아벨리	돋을새김
사회	문명의 충돌	새뮤얼 헌팅턴	김영사
사회	오래된 미래	헬레나 노르베리 호지	중앙북스
사회	왜 세계의 절반은 굶주리는가?	장 지글러	갈라파고스
사회	노동의 종말	제레미 리프킨	민음사
사회	월든	헨리 데이비드 소로	펭귄클래식코리아
사회	죽음의 수용소에서	빅터 프랭클	청아출판사
사회	감시와 처벌	미셸 푸코	나남
사회	생각의 지도	리처드 니스벳	김영사
사회	프로테스탄티즘의 윤리와 자본주의 정신	막스 베버	길

독서	나는 이런 책을 읽어 왔다	다치바나 다카시	청어람미디어
독서	책과 혁명	로버트 단턴	알마
독서	독서의 기술	모티머 애들러	범우사

실행이 답이다

마지막으로 우리에게 가장 중요한 것은 실행이다. 이제까지 소개한 모든 독서법을 실행으로 옮기지 않으면 아무 소용없다. 인간은 누구나 삶의 한가운데서 한계의 벽과 마주하게 마련이다. 높게만 느껴지는 그 벽은 어떤 이에게는 좌절의 장벽이 되지만 어떤 이에게는 새로운 인생을 위한 뜻깊은 도약이 되기도 한다. 그런데 한계의 벽을 뛰어넘기 위해서는 그것을 뛰어넘기 위한 실행이 필요하다.

유명한 독서광인 일본의 다치바나 다카시는 "나 자신은 대체 어떤 사람인가, 나와 나 자신은 대체 어떤 관계를 맺고 있는가, 나 자신과 다른 사람은 대체 어떤 관계를 맺고 있는가, 이런 것들을 알기 위해서 계속 책을 읽어왔고 삶을 살아왔다"고 술회한다. 이런 물음에 대한 대답은 결코 단순한 사유를 통해 얻을 수 있는 것이 아니다. 끊임없는 삶의 연속선상에서 읽는 것, 생각하는 것, 실행하는 것을 반복하는 과정을 거쳐야 가능하다. 읽는 것에 그치지만 말고 실행으로 옮길 수 있도록 노력하는 것이 중요하다. 읽은 내용을 보다 분명하게 기억할 뿐만 아니라 지식을 넓히기 위해 실행으로 옮겨야 한다.

『한비자』의 '설림(說林)'에는 다음과 같은 말이 나온다.

"나무로 얼굴을 조각할 때의 핵심은 처음에 코를 크게 만들고 눈은 작게 만드는 것이다. 우선 코를 크게 조각하고 나중에 작게 만들어야 한다. 처음부터 코를 작게 조각해 놓으면 나중에 고칠 수가 없다. 마찬가지 이치로 눈을 조각할 때는 작게 해야 한다. 그래야만 나중에 크게 할 수 있다. 만약 처음부터 눈을 크게 만든다면 나중에 작게 만들 수 없다."

독서를 할 때도 마찬가지다. 독서를 처음 시작할 때는 두 가지 생각을 수정해야 한다.

하나는 자기 자신에 대한 편견을 수정해야 한다. 자신이 책을 좋아하지 않는다는 그릇된 편견을 버려라. 편견을 버리고 '언젠가는 할 수 있다'는 자신감을 가지자.

다른 하나는 책에 대한 편견을 버려야 한다. '남들은 쉽게 읽는데 나는 왜 어렵게만 느껴질까' 하고 생각하는 것은 대부분 배경지식이 부족하기 때문이다. 처음부터 어려운 책을 무리하게 읽을 필요는 없다. 좋은 책이라면 시간을 두고 주기적으로 재도전하라. 그러다 보면 어렵게만 느껴졌던 책을 어느 순간 읽을 수 있을 것이다.

이러한 점을 명심하고 이 책에서 소개한 독서법, 우리 각자에게 맞는 개인맞춤형 독서법을 실천해 보기 바란다.

책과 함께하는 삶을 위하여

"적지 않은 책 가운데서 이것만은 어디로 가더라도 짊어지고 가고 싶었다. 아내가 독에 묻어두고 가면 어떻겠느냐 했으나 나는 설레설레 고개를 젓고 두루 필요한 책 약 100권을 묶어 큰 보따리 둘을 만들었다. 이것을 등에 지고 길을 나서는데 거리에는 인적을 찾아보기 어렵고, 중공군의 포성이 서울 시내 상공을 넘어 강 건너까지 은은히 울려왔다.

노량진시장께를 지나려는데 웬 지게꾼 아저씨가 달려들어 이 무거운 짐을 선뜻 지고 앞장을 서기 시작했다. 이 난리통에 지게를 지고 벌이를 하는 사람도 있구나 하는 놀라움에 우리 내외는 그저 잠잠할 따름이었다. '아저씨는 피난 안 가요?' 하고 물으니 '피난을 어디로 갑니까. 노모가 누워 있기도 하구요. 노모를 두고 나만 떠날 수도 없고 또 갈 데도 없어요.' 하는 대답이었다. 노량진역까지 그는 뛰다시피 해서 무거운 책자를 져다주었다. 그 아저씨가 아니었다면 아마 중간에서 책을 포기했을 것이다. 노량진역에서는 인천부두까지 가는 군용차량이나 트럭 같은 것이 있었다. 돈만 주면 차편은 아직 구할 수 있었다. 고생 끝에 나는 부산에 닿을 수 있었고, 부산에서 3년 동안 피난살이 하는 내내 아저씨가 져다준 책들을 정신 차려 읽었다. 책을 들 때마다 40대 중반의 햇볕에 검게 탄 지게꾼 아저씨의 초상이 떠올랐다. '그래, 그 지게꾼은 톨스토이보다 위대하다'는 감동이 가슴을 치곤 했다. 50여 년이 지난 지금에 있어서도 그 아저씨의 모습이 지워지지 않고 가슴속에 살아 있다."

이 글은 시인 김규동 선생님이 2002년 1월호 『생활성서』에 기고한 글이다. 읽다 보면 한국전쟁 당시에 피난을 가면서도 책을 챙기셨던 선생님의 마음이 고스란히 전해진다. 책 한 권을 읽기 위해서는 참으로 많은 사람들의 도움이 필요하다. 저자와 출판사는 물론이고 추천해 주는 사람과 서평을 쓰는 사람, 서점 주인과 택배기사 등 셀 수 없을 정도로 많다.

나는 책을 지어서 노량진역까지 옮겨다주는 지게꾼의 마음으로 이 책을 쓰고 싶었다. 독서로 힘들어하는 사람들을 외면한 채 혼자서만 책을 읽을 수 없었고, 이 책을 쓰기 위해 잠시 독서를 멈추었다. 이제 책 한 권을 쓰고 나니 독자들에게 얼마나 도움이 될 수 있을지 걱정과 아쉬움이 앞선다. 이 책이 독자 여러분에게 도움이 되기 위해서는 무엇보다 실행이 필요하다. 이 책에서 소개한 독서법을 실행으로 옮겨, 책과 함께하는 삶이 되시기를 바란다.

이 책을 만들기까지 많은 분들의 도움을 받았다. 도와주신 분들에게 감사의 말을 전한다.

-책을 쓰면서 10년간 한솥밥을 먹은 (사)한우리독서문화운동본부와 (주)한우리열린교육 식구들 모두에게 큰 빚을 졌다. 책에 대한 관심의 끈을 놓지 않은 것은 독서를 매개로 끈끈하게 이어진 회사 식구들 덕분이었다. 김희선 사장님과 애서가이신 김정열 부사장님께도 감사를 드린다.

-여러 언론사에 서평을 기고하기 위해 필독서를 함께 검토하고 연구했던 한우리미래교육연구소의 오용순 소장님과 신운선, 서은영, 신언수, 최영주, 권경주, 박기현, 박주영, 김대근, 한재우, 정다운, 박경진, 양미연, 길난영 등 연구소 식구들 모두의 도움과 나눔도 큰 힘이 되었다.

-오늘도 독서지도사를 양성하는 데 매진하시는 한우리독서문화운동본부 평생교육원의 정은주 원장님과 독서의 힘을 열

심히 전파하시는 전국의 한우리 지역센터장님 및 한우리독서지도사 여러분들께도 진심으로 감사의 말씀을 전한다.

-언제나 뒤에서 든든한 버팀목이 되어주시는 나의 아버지와 집필하는 과정에서 조언을 아끼지 않았던 동생 박노현 목사에게도 감사를 드린다. 동생의 아내 이미정 그리고 아들 성찬이와 딸 성은이에게도 감사를 전한다.

-항상 좋은 말씀을 많이 해주시고 우리 아이들을 키워주시느라 고생하신 장인, 장모님께도 감사를 드린다.

-이 책을 쓰는 동안 큰 힘이 되어준 사랑하는 나의 아내 이준숙, 독서광인 아들 시우와 딸 주하에게도 감사하다. 특히 시우의 조언이 책의 완성도를 높여주었다.

-마지막으로 어린 시절부터 『나는 할렐루야 아줌마였다』를 수도 없이 읽어주신 '보라 만화백화점'의 CEO이자 어머니인 양은희 여사께 감사를 드린다. 내가 책을 사랑하게 된 이유는 오로지 대한민국 1세대 독서운동가이신 어머니 덕분이다.

2018년 꽃향기만큼 책향기가 가득한 봄날에
지은이 박노성

부록1

나에게 맞는 독서법을 찾아주는
석세스 리딩 양식

감명 깊게 읽은 책

No.	분야 (문학/비문학)	제 목	저자/출판사	마지막 읽은 때
1				
2				
3				
4				
5				
6				
7				
8				
9				
10				

독서 장소

지역	장소명	위치
집 근처		
직장 근처		

독서일과표

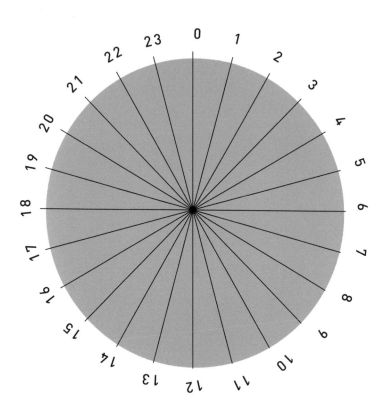

도서선정목록

독서의 목적	제목(작가)	분야 (문학/비문학)
공감과 감동을 위한 힐링의 독서		
습관 · 행동을 바꾸기 위한 교정의 독서		
정보 습득을 위한 지식의 독서		
나만의 목적 ( )		

부록 2

아이를 위한
개인맞춤형 독서처방

다양한 세계를 간접적으로 경험할 수 있다는 점에서 독서는 시야를 넓히는 데 도움이 된다. 하지만 교육 현장에 있다 보면 자녀의 독서습관 때문에 고민하는 학부모님이 상당히 많다. "우리 아이는 도통 책을 읽지 않아요.", "이야기책은 싫어하고 과학책만 읽으려 해요.", "책은 보는데 대부분 만화예요." 등 아이가 책에 관심이 없어 걱정, 글을 이해하지 못해 걱정이라는 학부모님들이 많다. 나 역시 초등학생 자녀를 둔 학부모이니 이분들의 고민이 남 일 같지 않아서 그간의 상담 사례와 해결책을 정리해 보았다. 여러분의 독서 생활에 도움이 되었으면 좋겠다.

고민 1 편독이 심해요

김재욱(서울 방이초 2) 군은 요즘 역사드라마에 꽂혔다. TV 드라마를 보고 나서는 이를 소재로 한 책은 모두 정복할 태세다.

이순신과 관련된 다큐멘터리를 본 후엔 『난중일기』를 비롯해 이순신과 관련된 책만 찾아 읽기도 했다. 재욱이의 편독 습관은 어떻게 바로잡을 수 있을까.

처방전 대부분의 남자아이들과 마찬가지로 재욱이도 역사물과 과학 분야의 책만 읽고 있다. 관심 분야만 읽으면 이 분야의 지식을 많이 쌓을 수는 있지만 균형 있는 독서를 할 수 없다. 이런 경우는 관심 있는 주제와 연계해 독서 영역을 확대할 필요가 있는데, 편독을 막기보다는 다른 분야의 책을 재밌게 읽을 수 있도록 해주는 것이 효과적이다. 예를 들어 읽은 책에 스티커를 붙여주면서 동기부여를 하는 것이 좋다. 아이 스스로 어떤 책을 많이 보는지 한눈에 알 수 있고, 스티커가 없는 책을 보면 붙이고 싶은 마음이 생기기 때문이다.

과학·역사 책만 읽는 재욱이에게는 창작동화와 문학책을 읽는 것이 필요하다. 과학·역사 책을 읽으면 단편적인 지식을 쌓을 수는 있지만 어휘력과 창의성 등이 부족해질 수 있기 때문이다. 재욱이는 보통 수준의 어휘력을 갖고 있지만 모르는 어휘를 만나면 어려움을 겪는다. 창작동화는 생활언어나 인간관계도 배울 수 있다는 장점이 있기 때문에 반드시 읽히는 것이 좋다.

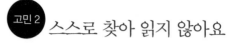

고민 2 스스로 찾아 읽지 않아요

김정아(서울 서초구) 씨는 책에 관심이 없는 양승환(서울 잠원초 3) 군 때문에 걱정이다. 읽으라고 시키면 읽기는 하지만 스스로 찾아 읽지 않기 때문이다. 삼형제 중 막내아들인 승환이가 독서에 흥미를 느끼고 적극적으로 찾아 읽게 할 방법은 무엇일까.

처방전 자녀가 여럿인 경우 각자의 독서 취향에 맞게 책을 구입하기가 사실 쉽지 않다. 많은 가정에서 한두 질씩 전집을 구입하는데, 권수도 많은 이 책들을 아이의 관심이나 취향과 상관없이 읽어보라고 강요하게 된다. 결국 부모 입장에서는 "책이 많은데 왜 안 보냐, 뭘 또 사달라고 하느냐"는 등 잔소리를 하게 된다.

승환이 엄마인 김 씨의 경우도 마찬가지다. 승환이의 책장에는 대부분 두 형들이 봤던 책이 꽂혀 있다. 엄마 김 씨는 "형들이 보던 책이 많으니 승환이에게 그걸 보라고 권했다"고 했다. 어린이나 어른이나 관심 없는 책을 읽다 보면 당연히 재미를 느끼지 못하고 책에서 멀어질 수밖에 없다.

형들이 읽던 책을 물려받아 읽던 승환이에게는 스스로 책을 고르는 선택권을 갖도록 하는 것이 좋다. 관심 있는 분야나 주제를 스스로 고르도록 하는 것이다. 그나마 작은형이 좋은 독서 모델이 될 수 있어 희망적이다. 승환이는 칭찬이나 상을 받는 것을 좋아하므로 독서에 대한 동기부여도 이룰 수 있다. 독서에 재미를 느끼게 하기 위해 승환이의 그런 성향을 활용하는 것이 바람직하다. 예를 들어 '나는 이 분야의 박사가 될 거야'라는 마음가짐으로 책을 대하면 적극적으로 독서를 할 수 있다.

아이가 책을 좋아하도록 하기 위해서는 부모의 지켜보는 마음가짐도 필요하다. 부모가 무심코 던진 질문 때문에 아이가 책을 멀리할 수도 있기 때문이다. 초등 저학년은 자기가 알고 있는 것을 말하고 싶어 하지만 3~4학년만 돼도 테스트한다고 생각한다. 가능하면 스스로 읽도록 내버려두되 자녀가 책 내용을 제대로 이해했는지 궁금하다면 "주인공이 어떤 행동을 했을까", '왜 그랬을까' 등을 지나가는 말처럼 묻는 것이 바람직하다.

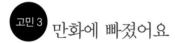

고민 3 만화에 빠졌어요

조문희(경기도 부천시 소사구) 씨는 얼마 전 아들 박일규(부천 부안초 3) 군에게 책 두 권을 사주었다. 출판사는 다르지만 둘 다 만화책이다. 일규가 좋아하는 만화 장르는 역사다. 특히 만화

속의 화려한 의상과 장신구는 일규에게 또 다른 볼거리다. 조씨는 "아이가 만화책을 좋아해 사주지만 너무 만화책만 보는 게 아닌가 싶어 걱정이에요"라는 고민을 털어놓았다.

처방전 만화만 읽는 자녀들 때문에 고민하는 부모들이 많다. 책에 흥미가 없거나 독서 경험이 부족한 아이에게 만화는 독서의 첫 단추가 될 수 있다. 특히 학습만화는 '학습' 이전에 '만화'로 받아들이기 때문에 자연스레 지식과 교양, 정보를 얻을 수 있다. 그러나 만화는 어디까지나 독서습관을 기르기 위한 징검다리로 활용해야 한다.

학습만화로 다양한 분야에 호기심과 흥미를 갖게 하되 보다 깊이 있는 독서를 위해 만화 읽기의 비중을 서서히 줄일 필요가 있다. 4학년 이후에는 되도록이면 학습만화를 피하는 것이 좋다. 초등 1~2학년은 만화책과 글자책의 비율을 50대50, 3~4학년은 20대80, 5~6학년은 100% 글자책을 읽을 수 있도록 지도해야 한다. 또 학습만화를 읽었다면 같은 주제의 다른 글자책을 병행해 읽도록 하는 것이 바람직하다. 예컨대 『마법천자문』을 읽었으면 『어린이 살아있는 한자 교과서』에 도전해 보도록 한다. 만화책 한 권을 샀다면 글자책도 한 권 사주며 읽기를 유도하는 것이 효과적이다.

정독하는 습관을 들이고 싶어요

유희숙(경기도 용인시 수지구) 씨는 딸 김주연(용인 손곡초 5) 양의 독서습관 때문에 고민이다. 주연이는 위인전 등을 읽기는 하는데 내용을 물으면 종종 "모르겠다"고 대답한다. 아이가 책은 읽는데 내용을 이해하지 못하니 부모는 답답하다. 어떻게 해야 정독하는 습관을 들일 수 있을까.

처방전 주연이가 위인전을 어려워하는 것은 사람의 인생을 다루는 책의 특성상 생소한 어휘가 많이 사용되기 때문이다. 일반적으로 모국어 읽기가 완성되는 11세 정도면 무리 없이 읽을 수 있다. 또 어휘나 문장의 수준이 자신의 능력과 엇비슷해야 자신감이 생기고 책 읽기에 몰입하게 된다. 일반적으로 초등 1학년은 분당 200자, 3학년은 300~400자, 5~6학년은 800자 정도의 속도로 읽어야 한다. 고학년인데 정독이 안 된다면 싫더라도 소리 내어 읽기를 연습하는 것이 좋다. 이때는 자기 수준보다 낮거나 좋아하는 분야의 책을 고르면 재밌게 음독할 수 있다. 음독은 부분적으로 소리 내어 읽어도 된다. 줄을 그으며 읽는 것도 정독에 도움이 된다.

정독을 하면 집중력이 향상되는 것은 물론 글의 내용을 파악하는 데도 좋다. 생각한 것을 메모하는 습관도 바람직하다. 처음에는 메모하는 데 시간이 걸리지만 익숙해지면 속도가 빨라진다. 사람마다 집중이 잘되는 시간이 다른데, 그 시간을 활용해 일정하게 독서하다 보면 정독을 할 수 있게 된다.

그런데 책을 골고루 보지 않고 한 권을 몇 번이나 다시 보면 아이가 뒤처지지 않을까 염려하는 부모들이 있다. 이런 부모들은 하루 2~3권, 일주일 10권, 한 달 50권씩 목표를 정하고 책을 무조건 많이 읽도록 유도한다.

그러나 많이 읽는 것이 능사가 아니다. 처음 보는 책에는 모르는 단어가 많고 등장인물도 생소하기 때문에 수많은 책의 모든 장면을 머릿속에 남기는 것은 버겁다. 여러 분야의 책을 읽는 다독도 필요하지만, 한 권을 읽더라도 내용을 충분히 이해하고 인지할 수 있는 정독 습관을 갖게 하는 것이 중요하다. 같은 책을 여러 번 읽는 과정에서 이해력과 어휘력 등이 발달하기 때문이다.

고민 5 쓰기 싫어하는 아이, 어쩌면 좋을까요

엄마 박혜진(경기도 광명시) 씨가 딸 문수인(광명 광문초 6) 양의 독서습관을 걱정하며 물었다. "아이가 책을 굉장히 좋아합니다. 놀러가서도 책을 볼 정도예요. 그런데 독서록을 쓰는 건 싫어합니다. 어떻게 하면 좋을까요?"

처방전 수인이처럼 독서량이 많고 이해력이 풍부한 아이들은 굳이 독서 후 활동을 강요하지 않아도 된다. 자기가 하고 싶은 대로 독서 후 활동을 하도록 유도하는 것이 낫다. 책을 읽은 후 제목, 주인공 이름, 읽은 날짜, 간단한 느낌만 기록하도록 한다. 그리고 독서 후 활동을 아이 스스로 선택할 수 있도록 한다. 예컨대 만들기를 좋아하면 책 속 등장인물의 소품을 만들어본다. 요리를 좋아하는 아이라면 책에 나오는 재료를 똑같이 준비해 엄마와 함께 만들어도 좋다. 책을 읽고, 독서 후 활동을 하고, 일기를 쓸 소재까지 마련하게 되니 일석삼조다.

"쓸 말이 없다"며 독서록 쓰기를 힘들어하는 아이도 있다. 이런 경우 부모가 함께 읽고 그것을 바탕으로 대화를 하다 보면 '쓸 거리'가 많아진다. 예컨대 『몽실언니』를 읽고 "엄마는 이 장면에서 너무 불쌍했어. 넌 어떤 장면에서 슬펐어?"라고 물으며 전쟁 상황에 대한 생각을 나눠볼 수 있다. 2~3줄 쓰던 독서록이 자연히 10줄 이상으로 늘어난다.

초등 저학년이라면 독서록을 잘 쓰겠다는 욕심보다 창의성을 기르는 데 초점을 맞추는 것이 좋다. 글만 쓰는 것보다 그림이나 만화를 그려 넣게 하는 것이 바람직하다. 여러 번 읽은 책에서 재밌는 부분을 과감히 독서록에 오려 붙여 '내 책'으로 만드는 것도 좋은 경험이다. 요즘은 학교 교과서에서도 책을 활용해 창작 작업을 하도록 권장하고 있다.

고학년이라면 인물의 유형과 사건 등을 세밀하게 비교해 보면 책의 내용을 이해하는 데 도움이 된다. 이때 내용보다는 자신의 생각과 느낌을 나타내는 데 충실하는 것이 중요하다. 요즘같이 정보가 넘치는 시대에는 어린이나 어른이나 할 것 없이 나만의 언어로 데이터를 가공하는 능력이 필요하기 때문이다.